艮斎間話

全現代語訳

安積艮斎

小阪康治 倫理学的注釈
安藤智重 訳注

緒言

安積艮斎著『艮斎間話』は、儒学思想や和漢の人物歴史、見聞等を引いて、倫理道徳・治国経世・天下治乱の根源等を縦横自在に論じたものである。読者が儒学の教えを理解し、体認自得し、それぞれの立場で実践することを求めている。

井上哲次郎『日本朱子学派之哲学』（明治三十八年）第四篇「寛政以後の朱子学派」第四章「安積艮斎」に「彼れが学説は往々艮斎間話中に見ゆ。蓋し間話は彼れが躬行心得の余に成るものにて、学者（学ぶ人）の精読を価する有益なる随筆なり。その内容ほぼ『駿台雑話』（室鳩巣）の趣あり」とある。

著者の安積艮斎（一七九一〜一八六〇）は江戸後期の儒学者で、幕府儒官・昌平坂学問所教授である。広い視野を持った思想家で、孔孟・老荘・朱王・仏教等学派を問わず、その論説を善と認識すればみな採用した。詩文に名高く、漢詩や紀行文が親しまれた。世界の強国の歴史地理や宗教・貿易・アヘン・植民地獲得・軍艦建造等に言及した国防論『洋外紀略』は、写本によって広まり影響を与えた。門人三千人の中から、小栗上野介・吉田松陰・岩崎弥太郎・前島密・秋月悌次郎・岡鹿門・栗本鋤雲・

艮斎間話正続四冊

福地源一郎・清河八郎・中村正直・谷干城・大須賀筠軒《いんけん》他、有為な人材が大勢輩出した。

艮斎生誕の地は、郡山総鎮守の安積国造神社である。第五十五代宮司安藤親重の三男に生まれ、柴野栗山に憧れて江戸へ出、佐藤一斎・林述斎に学んだ。江戸に私塾を開いて子弟を教育し、林檉宇・林復斎・渡辺崋山ら交友の範囲が広く、すぐれた人脈を持っていた。

その著作『艮斎間話』は、正編二巻二冊、続編二巻二冊、全一〇六話からなる。

『艮斎間話』巻之上（四十丁）・巻之下（四十丁）は、天保十一年（一八四〇）序、天保十二年（一八四一）刊。

『艮斎間話続』上（三十八丁）・下（三十九丁）は、嘉永二年（一八四九）序、嘉永四年（一八五一）刊。

『艮斎間話』は、文学上の分類では便宜上「随筆」とされるが、内容は飽くまで行動実践を求める思想書である。現代においても学ぶべきことが多く、古典として重んじるのみならず、精読して実用に資するべきである。それは艮斎の実学重視にも適う。

そこで小阪康治先生（博士）に依頼して倫理学的な見地からのご注釈を頂戴した。玉稿を拝読し、同先生の深い学識と慧眼にあらためて感服した。かつて先生と私とを引き合わせたのは元福島県知事佐藤栄佐久氏である。同氏が、

「小阪先生は倫理学者で長州藩士だから、儒学者吉田松陰先生の門人のような存在。だから松陰の師の安積艮斎先生の孫弟子になる。小阪先生には艮斎先生の研究を協力してもらわないとならない」と語られた。

その後、小阪先生には安積国造神社で「原発問題を艮斎先生に問う…『艮斎文略』を中心として…」「『洋外紀略』を読む」と題して二度ご講演を賜った。さらに私も萩の松陰神社で「長州と安積艮斎」の題で講演させていただいた。

ともかく『艮斎間話』は、頼山陽『日本外史』・会沢正志斎『新論』・佐藤一斎『言志四録』と並び、混迷の幕末に広く読まれ、行動指針となった書物である。『艮斎間話』は今も古本として相当数出ていて、版木がかなり摩耗したと見られる版本もあるので、好評を博して版を重ねたであろうことが推測される。

儒学者の著作は通常漢文で書かれているが、間話は和文である。当初艮斎は、和文で書いた『艮斎

間話』を出版する意図は無かったが、書肆に説得されて出版を許可した。天保十二年十一月兄安藤重《しげ》満《ま》宛艮斎書翰に、

「仮名の事は、私一向存ぜず、間違多く之れ有り候に付、上木は仕まじく存候へども、『和文仮名の類は国学者の所掌ゆゑ、儒者は漢文を主意に仕候ゆゑ、仮名の間違は苦しからず、ただ議論の処肝要』と書肆申し立て候て」（石井研堂編『艮斎補伝手簡精華』）とある。

かくして、漢文の日本八大家に数えられる艮斎が、和文の著作を出版した。これは単に書肆の懇願を聞き入れたというだけでなく、『論語』の「辞は達するのみ」の意もあろう。

艮斎の「和文」は漢文調で、漢文訓読体に近い。国学者の和文の風雅な趣は無いが、論旨を明確に示すことのできる文体である。明治以降も、論文や法律などは、漢文調の文体が採用された。明治の文豪たちは漢文学に造詣が深く、国学者の雅文や戯作文よりも、むしろ漢文調の文体の影響を受けている。

『艮斎間話』は、和文で書かれたことによって、江戸後期に幅広く読者を獲得し、さらに近代になっても読み継がれることとなった。明治十九年、活字版の『艮斎間話』（信濃出版会社）が出版された。これは正編のみである。

明治三十八年、井上哲次郎・有馬祐政編『武士道叢書』下巻（博文館）が出版され、以下の十五話

が収められた。「一〇　士の本意」「一一　臆病稽古せよ」「三九　自愛」「四〇　覚悟」「四七　質朴剛強」「四九　謙信の度量」「八三　大和魂」「八五　浩然の気」「八七　高風清節」「九三　勇士はその元を喪うを忘れず」「九八　恐れ慎む」「一〇〇　人の和」「一〇三　心に響く」「一〇四　志気(2)」「一〇五　大将の一心にあり」

大正八年、足立四郎吉編『大日本風教叢書』第五輯（大日本風教叢書刊行会）が出版され、『艮斎間話』正編が収録された。編者の解題に、「幕末の名儒安積艮斎が治国経世の偉才を以て人道を説明せしものにして、和漢古今の実例を引用して平易適実の裡に道義を解せしめんと勉めし用意の程を窺ふべし。上下二巻言々国家社会の実際を穿ち頗る後人の参考に供するに足る。天保十二年三月三都にて発行せらる。其当時の愛読書たりしを知るに足る」という。他に中井竹山『社倉私議』等を収める。

この種の叢書に収められたことは、『艮斎間話』が、近代においても思想書として読まれていたことを示している。『艮斎間話』は過去の遺物ではなく、風教にも役立ったのである。

昭和三年、『艮斎間話』全編収録の『日本随筆全集』第十五巻（国民図書株式会社）が出版された。他に太田南畝『南畝莠言』・藤井高尚『松の落葉』・釈慈延『鄰女晤言』・神沢貞幹『翁草』を収める。

昭和十九年四月、菊池寛『わが愛読文章』（非凡閣）が出版され、『艮斎間話』の「九　天下の楽」「一〇　士の本意」「一一　臆病稽古せよ」「二三　赤沼の鴛鴦」の四話が収められた。菊池は、「その言説は直接に儒学者としての人生観を説き堂々たるものであると思う」と評している。戦時の言論統制下、菊池は艮斎のことばを借りて、真の武士道精神を世に問うたのではなかろうか。

敗戦後アメリカが占領統治して、日本人の思索の蓄積を消し去ろうとした。知識人の中には、過剰適応的な論説を唱える者もあらわれた。桑原武夫は「第二芸術論」を掲げ、俳句などの日本文化を否定した。久米正雄は「日本米州論」を書いて、「日本は講和などをして独立を望むよりは、合衆国に併合されてアメリカの第四十九州となる方が本当の幸福」と言った。これでは東洋思想は顧みられない。江戸儒学の再評価が始まるのは、はるか後である。そして今プーチンによるウクライナ侵略のさなか、ゼレンスキー大統領の言行は、『艮斎間話』の思考と相通ずるように思われるのである。

要は『艮斎間話』は前代の遺物ではなく、現代人も精読すべき、有益な思想書である。

参考文献は、新釈漢文大系（明治書院）・岩波文庫・ちくま学芸文庫の中国古典の訳注書、目加田誠著作集「詩経訳注」、『朱子語類』訳注（汲古書院）、土田健次郎訳注『論語集注』（平凡社）、吹野安・石本道明『朱熹詩集伝全注釈』（明徳出版社）、井上哲次郎『日本朱子学派之哲学』他。

令和四年六月一日　於清泉書屋

安藤智重

凡　例

一、本書は、安積艮斎『艮斎間話』（正編・続編）全四巻四冊を現代語に訳し、注を付したものである。

一、底本は、訳者所蔵の版本『艮斎間話』（天保十二年）・『艮斎間話続』（嘉永四年）である。

一、版本は「新日本古典籍総合データベース」で閲覧できる。

一、各話の通し番号と題名は、版本にはないが、訳者が加えた。

一、原著の一部を適宜抜粋し、注の後に掲げた。仮名は原著は片仮名だが、本書は平仮名を用いた。句読点を新たに加え、送り仮名は現在の標準に合わせた。

一、原著の漢籍の引用部（漢文に訓点を付す）に誤字脱字が認められたが、その際は引用元の漢籍にもとづいて訳した。

一、原著の注記は一行枠内に二行で書かれているが、本書ではゴシック体の表記にして区別した。

一、倫理学者小阪康治氏の注釈を加え、「阪注」と表記した。

一、本書の括弧内の注記は訳者によるものであり、本文にはない。

一、人名はわかりやすい表記を用い、敬語表現は適宜省いた。

一、漢字は標準の字体を用いた。

艮斎間話――全現代語訳＊目次

目次

民斎間話続　下

艮斎間話

弁言（注一）巻之序

近藤忠

天にとどくほどの波は川の源から起こり、雲をしのぐほどの材木は小さなひこばえから生じる。人の心が動くのは非常にかすかだが、それが発したときはとても激しくなる。善であるならば天下を安定させることができるが、不善であるならば一身すら保てない。舜（古の聖天子）となるか蹠《せき》（古の大泥棒）となるか、その間には髪の毛の入る余地もない。つまり独りを慎む（注二）ことにつきる。手本となる書物によって美醜を見分けることができ、明徳（天から受けた立派な本性）によって吉凶を察することができる。昔の治乱こそ現今の手本である。善はこれを倣い、不善はこれを戒めとする。つまり躬《み》に反《かえ》る（注三）ことにつきる。

艮斎先生の間話は一時の筆のすさびにかかるというが、聖賢の考えや治乱の跡が入り交じって並び、また反躬慎独の功にもっとも心を尽くしている。議論は平正切実で、ひとつも間言語（むだな言葉）が無い。

王侯はこれを読むことによって、斉家治国（家をまとめ、国を治める）の道を知ることができ、士人や庶民はこれを読むことによって、守身勤職（己の身を守って、不義に陥らぬようにし、職務をつとめる）の方法を知ることができる。これは世の教化にとても有益である。けれども題して間話（むだ話）と言うのはおよそ謙遜である。

私はかつて『艮斎間話』一部を手づから写し、刻して伝えようとした。しかし実行しようにも、ゆとりがない。近頃書肆の芳潤堂が願って、これを出版しようというのは、実にわが意を得たことだ。それで校正して書肆に授けた。

天保十一年（一八四〇）五月

上野国近藤忠謹しんで序文を撰す。

金井善（睡軒）書す。

注一 序文。近藤忠（未詳）による。原漢文。

注二 他人の見ていないところでも、心を正しくもって行いをつつしむ。（『大学』第二段第一節に「意を誠にする」法を解説し、「君子は必ず其の独《ひと》りを慎むなり」という）

注三 自らをふりかえり反省する。艮斎が「反躬」を説いた書幅が伝わる。

不能反躬是学者第一病。修己不切実由於此、与人齟齬亦由於此。

躬に反ること能はざるは是れ学者第一の病《へい》なり。己を修めて切実ならざるも此《ここ》に由り、人と齟齬《そご》するも亦た此に由る。（わが身を振りかえることができないというのは学ぶ人の一番の病である。よく気をつけて修養しても適切な学びとならないのはそれが原因であり、人と物事がうまくかみ合わないのもそれが原因である）

《語注》 **〇不能反躬**……『礼記』「楽記篇」の語。 **〇己を修む**……『論語』「憲問篇」に「己を脩めて以て敬す（よく気をつけて修養して慎み深くする）」とある。 **〇切実**……適切なさま。 **〇鉏齬**……物事がうまくかみ合わないこと。

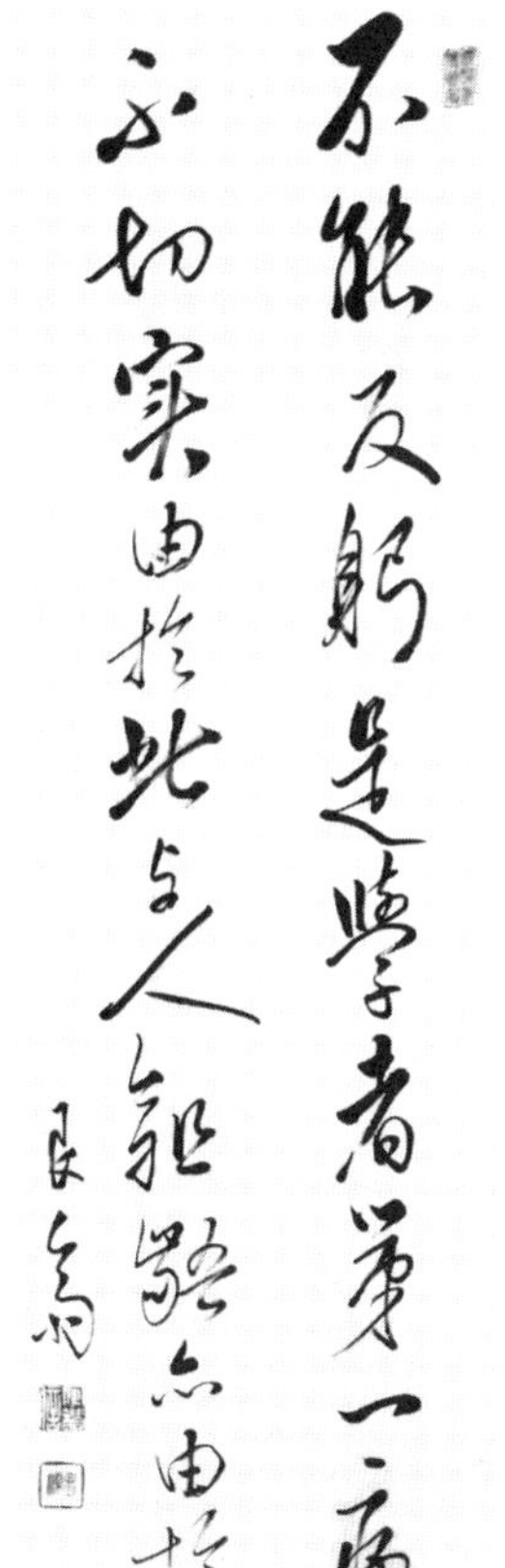

郡山市斎藤誠一氏蔵

艮斎間話　巻之上

東奥　安積　信

【間話巻之上　一丁オ】

一　天地人

私は先年房総に遊歴したとき、勝浦という村を通った。その日海辺で網を引いて鰯を取るのを見た。網の大きさは七、八町（八百メートル）もある。鰯を取って籠に入れ、二百余ばかり列ねたさまはすこぶる壮観である。

村内で休憩して昼食をとった。かたわらで、漁夫と農夫とが談論しているのを聞いた。農夫は言った。

「俺は田を耕し五穀を作って人を養うことを生業としている。おまえは魚を取って殺生する。それは悪業だ」

漁夫は言った。

「俺が魚を取ることを生業とするのは殺生だが、これによって年貢を出し妻子を養い、世の人の食料としている。ことに鰯は干鰯に作って諸国に送り、田地を肥やすたすけとする。これは世の大きな利益だ。悪業のはずがない。先年この海で漁獲が少ないとき、漁夫らが相談し、回向院の上人に嘆願して、大漁の祈祷を願った。上人は言った。『もっともなことだ。魚も人の用にならず、むなしく海底に死んだならば、成仏は難しい。漁夫の網に入り、世の用に立って成仏するのである。私が祈祷しよう』そして六字の名号を書き与えた。そこでこれを石に刻んで海底に沈めると、にわかに漁獲が多くなった。だから、魚も網に入り人を養って成仏するというから、悪業と言ってはならない」

私はその談を聞き、村を出て同遊の人に語った。

「道は天地の間に満ちあふれているものであって、賢者はそれを大きいと認識し、賢くない者はそれを小さいと認識する。漁夫のような者も、道の一端は認識すると言えよう」

およそ天地の間、人よりも貴いものはない。『書経』（「泰誓上篇」）に「惟れ天地は万物の父母にして、惟れ人は万物の霊なり」、『礼記』（「礼運篇」）に「人は天地の心なり」、『孝経』（「聖治章」）に「天地の性、人を貴しと為す」とある。

微小の身でもって、上は天と対し、下は地と対し、三才と称するのである。『周易』（「説卦伝」）に「三才を兼ねて之を両にす（天地人の三才を兼ね合わせてそれぞれに二つの徳が含まれる）」というのがこれである。だから、天地も人をとても愛すると見える。

まず五穀野菜を生んで口腹を養い、鳥獣や魚類を生んでその味わいを助け、蚕桑麻枲《し》（枲…からむし）を生んで身体をおおい、竹木を生んで家室舟車や兵器農具を作らせる。日月を懸けて昼夜を分け、事業を行わせる。四季や寒暑の変化があって、耕作の早い遅い、動いたり休んだりの調整をさせる。

もしも暑があって寒がなく、暖があって涼がなかったならば、気候は一方にかたより、病に罹る者が多くなることだろう。天地が人を愛養する恩はこのように深厚なので、人も朝早く起き夜に寝て職分を尽くし、天地の恩に報いるべきだ。

今もし下僕を抱え、給金を与えているのに、下僕が怠って勤務がおろそかならば、きっと怒って解雇することだろう。これは至当の理である（二・阪注）。人にして天地の恩を受け、職分を勤めない者は、天地がきっと憤って罰を下すことだろう。主人の罰は解雇するまでである。天地の罰は、あるいは寿命を縮め、あるいは子孫を絶やし、不慮のわざわいに遭うこともある。とても恐ろしいことだね。『論語』（「季氏篇」）に「天命を畏る」とあるのは、このところを畏れ慎むことなのだ。

【間話巻之上　二丁ウ】

二　聖人の言

天地が人を愛する恩徳は窮まりがない。人を生んだのち、各々その所を得させようとしても、ひとつびとつ命令は下しにくい。それで聖人（堯・舜・禹・湯・文王・武王・周公旦・孔子等）を生んで万民を教化させたのである。『周易』（「乾」）に、「大人（徳の高い人）は、天地とその徳を同じくし、日月とその明るさを同じくし、四時とその秩序を同じくし、鬼神とその吉凶を同じくする」とある。また『周易』（「泰」）に、「天地の道をきりもりしてつくり、天地の義を補佐して、民衆の生活を助成する」とある。

聖人は天地に代わって人民を教化した。聖人の言はすなわち天地の言と思って、尊び守るべきである。聖人は天下万世の人を見て、自分の子弟のように思うので、一言一語血涙を垂れて教える。その恩徳は天地と同じである。

しかし世の人は聖人を見て天上の人のように思い、その言葉は常人がくわだて及ぶものではないとし、「君子」と言えば、人を侮り笑う言葉とし、とても偏屈な事と思っている。また中国と日本とは風俗制度も違い、昔と今の相異があるので、聖人の言は行いにくいとするが、一概に論じるべきではない。

衣服・飲食・礼法・制度は、同じ中国においても昔と今の相異がある。ましてやわが国は、もとから違うのである。ただ孝悌忠信、五倫五常の道は、古今東西の相異はない。もし、この道理が違うのならば、中国の天地日月と、わが国の天地日月とが異なることになる。天地日月が同じだから、道理も同じなのだ。聖人が天地に代わって教えた立派な大訓を、「行いにくい」と言うのは、『論語』（「季氏篇」）に言うところの「聖人の言を侮る」ものである。聖人を侮ることは、つまり天地を侮ることである。その罪禍は恐ろしい。

阪注 五倫とは、人間関係が主として五種類あることである。人は他人との関係なしに生きて行けない。隠遁生活でさえ、現実には最低限の衣食住は人間関係によって成り立っている。「もし、この諸学者を天地の外に立たせて、夏に葛衣を着ず、冬に皮衣を着ず、五穀を食べずに、人道をすっかり滅ぼしたならば、まことに儒者の道とは言えない。かりに天を戴いて地を踏み、夏に葛衣を着、冬に皮衣を着、五穀を食べて、人道から離れなければ、これは儒者の道以外の何物でもない」（『艮斎文略』一三三頁、明徳出版社）。五倫五常を行わないと、人間関係・社会が混乱し、ほとんどの人の実生活が成り立たなくなる。だから古今東西、人が生きて行く限り、この人間関係を大事にせねばならないとするのである。

現代では、五倫のうち君臣の義だけはなくなったかに見える。しかし儒教思想が古今東西に通用するのなら、現代にも通用しなければならないはずだ。「道に古今の相違はなく、理に内外（自国と外国）の相違はない。事跡は同じではないが、道理は一に帰するのである」（「四〇 覚悟」）。現代に置き換えると、君臣とは、雇用者と被雇用者の関係になる。義とは「君社稷に死す、之を義と謂ふ」（「二八 人間一生五十年」）が本書での用法なので（「義は人の正路なり」（「九 天下の楽」注四）、「二一 忠孝両全」も参照）、人が行うべきこと、の意味になる。したがって君臣の義は、被雇用者と雇用者が行うべきこと、つまり勤労と対価の関係になる。先祖（被雇用者）の合戦での手柄（勤労）に対して、主君（雇用者）は石高（対価）を与え、子孫（被雇用者）も出仕（勤労）によって、関係を維持する。

現代では、会社で仕事をすれば、会社は給料を払うということだ。「今もし下僕を抱え、給金を与えているのに、下僕が怠って勤務がおろそかならば、きっと怒って解雇することだろう。これは至当の理である。」（「一 天地人」）。色々な場合があるが、基本は、双方の行うべきことである。

しかし会社は単に株主と会社の利益のためだけでなく、社会のためにあるのだから、本来、義を行っているのである。これは現代的に言えばステークホルダー説（会社は、株主だけでなく、従業員、顧客、取引先、地域住民などのためにある）に繋がると考えたい（「二二 君臣⑴」、「五八 恩」、「九五 公欲」に続く）。

三　驕奢の害

上下貴賤ともに金銭資財が乏しくなり百事に不自由をきたすのは、驕奢から起こる。粗末なくらしを嫌って華美に流れるのは、人情の常であって、川が東に流れるようなもので（中国の河川はみな東流する）、ひき戻すことはとても難しい。けれども、そのままに過ぎれば、後に深く害を生む。中国で驕奢をきわめた秦の始皇帝、漢の武帝、斉の東昏《とうこん》（南朝斉の皇帝。多くの宮殿を造営するなどして財政を破綻させた）、陳の後主《こうしゅ》（南朝陳の皇帝。亡国の君主）、隋の煬帝、唐の玄宗、宋の徽宗《きそう》（芸術に優れたが政治は無能）などは、あるいは天下の禍乱を生み、国家の滅亡をまねいた。

わが国は、源頼朝からこのかた兵馬の権は武家が掌るものとなり、古代とは国勢が異なる。武家は忠勇義烈を主とし、威武強毅を貴び、華奢に流れないことを要とする。鎌倉時代、二階堂行政は政所の奉行であったが、常に華奢を好んだ。あるとき、いつものように美服を着て出仕したのを頼朝が見て、彼の袖を引き、みずから切り捨てて、「千葉、畠山などは大名であるが、大勢の兵を擁して出陣するための用意に、倹素を心がけておるぞ」ときつく戒めた。さすが、兵馬の権を握る英主の器があった。

けれども、その子頼家は酒宴遊興を好み、諸士を集めて蹴鞠《けまり》の会をしばしば開いた。北条泰時はひそかに中野能成に語って、頼家を諫めさせた。頼家は怒ってその言を用いなかった。また、遊猟を好み、伊豆の奥狩に和田平太胤長（和田合戦の後、胤長は配流地の岩瀬郡で処刑された。これを詠じた詩を『艮斎詩略』に収める）を伊東ヶ崎の洞穴《ほらあな》に入らせた。その後、富士の裾野で狩りをして、仁田《にった》四郎忠常を人穴《ひとあな》（溶岩洞穴）に入らせた。このように遊興に耽り、政事に心を用いなかった。だから、権臣北条時政によって、伊豆の修善寺に幽囚された。

その弟源実朝が位（征夷大将軍）を継いだけれども、権臣が政を専らにし、「叔姪、刃を推す（叔父と甥が斬り合う）」のわざわいが起こり、頼朝の血筋は絶えた。これは華奢風流が害を生んだものである。

将軍足利義政となると、華奢風流はとりわけひどかった。天下の財を尽くして花の御所を造営し、珠玉を磨き、金銀をちりばめた。その母君の居室の腰障子一間の価《あたい》は二万銭である。そのほか、園池楼閣を修築し、東山の銀閣を造営した。また、茶の湯を好み古器名画を多く収集した。あるいは新しい趣向で器物をつくり、無用の驕奢にふけり、天下の政は青女房《あお》（年若く物慣れない身分の低い女官）や僧・比丘尼などと相談して行ったので、賞罰が錯乱し、政治刑罰が正しくなかった。

とうとう万民の困窮を招き、諸侯が反逆するにいたり、応仁元年（一四六七）、山名宗全と細川勝元との戦が起こり、諸侯は党を分かち助け合って、日々戦争にて洛中洛外は兵火にかかった。この時から天下が瓦解し次第に崩れて、足利氏はついに滅亡した。これは驕奢を好み武家の風が衰えたことから起こった。

周防の大内家は累代の名家で、統治する所は八ヶ国に及んだ。明国との交易を通じて財富み兵強く、天下無双である。しかし義隆の代になって華奢を好み、一条房冬（公卿）の次男を養子（大内晴持）とし、京都が衰え乱れている間、数十人の公卿や隠者を山口（西の京と称さる）に招き、日々管絃を催した。人々は筑紫の内裏と称してもてはやした。

公卿の推薦により、大内義隆は七年の間に従二位大納言にいたった。その上洛の時には三十余人の公家を引き連れ、帰国の時には摂津から楼船を浮かべて、周防に着くまで海上で管絃を奏で、平家が西海に落ちのびて以来の壮観であった。家臣は皆五位六位に進み、公卿が出入りする大門を立てた。あや絹やうす絹の美しい織物で飾った美しい車馬、供奉の盛んなさまは、人目を驚かせた。

それから日々詩歌管弦、蹴鞠や茶の湯、香合わせに歳月を送り、武威はまったく衰えすたれた。豊後の大友義鑑《よしあき》は姉婿で、武略に達していたので、しばしば諫言したが、用いなかった。ついに陶晴賢《はるかた》の謀反によって、長州大寧寺で自害し、大内氏はたちまち滅亡した。

『書経』（「太甲下篇」）に言う。

「かつてよく治まったときと同じ道によって政治を行えば、国は必ず盛んになり、かつて乱れたときと同じ事によって政治を行えば、国は必ず亡びてしまうものである」和漢古今、驕奢にふける者が禍乱を生むことは歴然としている。

『詩経』(「大雅」「蕩之什」「蕩」)に言う。

「殷鑒《いんかん》遠からず　夏后《かこう》の世に在り(殷の明鏡遠からず　近い夏の桀王の世にあるものを)」前王朝(夏)の敗亡は、後世の殷が鏡として己を反省すべきことであって、恐れるべきだね(注一)。

注一　夏の桀王は妹喜《ばっき》を溺愛し、酒池肉林を楽しみ民心を失い、殷の湯王に滅ぼされた。殷の紂王は妲己《だっき》を溺愛し、悪政のために民心離反し、周の武王に討たれて滅んだ。

阪注　前話までで、天地と聖人の在り方という、いわば世界観と政治の基本を説いた後で、個人の徳目について、まず驕奢の害から始めているところに艮斎の思想の基本を見るべきだろう。

四　倹　素（1）

【間話巻之上　六丁オ】

元の許魯斎《きょろさい》(儒学者)は言った。

「学ぶ人は、くらしの道を立てることが先である。生計が足りなければ、あるいは利をむさぼり求めて、学ぶものを失う」これは切実な言葉である。後の儒者に、「くらしの道を立てることは、学ぶ人の道ではない」としてそしる者がいるが、誤りである。およそ人というものは、産を治めることができず、困窮していては、君主に忠を尽くし職分を尽くすことができず、親に孝を尽くすことは成りがたい。親戚や昔なじみを救うこともできず、予想外の不義を行ってしまう。

『孔子家語』（「顔回篇」）に「鳥窮すれば則ち啄《ついば》み、獣窮すれば則ち攫《つか》み、人窮すれば則ち詐《いつわ》る」とある。だから、くらしの道を立てることは、今日第一の急務なのだ。

漢の高祖（劉邦）が心が大きくて産を治めず、韓信・陳平《ちんぺい》・酈食其《れきいき》（高祖の功臣）などが貧窮しておちぶれたのは、俊傑の事であって、常人が学ぶべきではない。世の学ぶ人が、貧富に心を置くのは小さい度量と思い、みだりに奢侈にふけり、酒食に財を費やして、貧窮を自ら招くのは、まったくの心得違いである。聖賢は、道理を守り職分を尽くすことを第一として、貧富に心はわずらわされないが、驕奢を好んで貧窮に至ることはまったくないのである。

顔回は処士で貧しかったとはいえ、二頃《けい》（約一一、〇〇〇坪）の田があって耕し、五畝《ほ》（約二七〇坪）の居宅があって身を安んじ、琴を弾じ書物を読み、聖人の道を楽しみとした、と『韓詩外伝』に見える。今の学ぶ人が田宅が半畝も無いこととは違う。

曽子も処士だったが、「その父曽皙《そうせき》に孝養をつくしたときは、いつも酒と肉とを食膳に供えた」と『孟子』（「離婁章句上篇」）に見える。今の学ぶ人とは違う。平生倹素を守って奢侈を抑え、生産を治めて人に慈恵を施すことを願うべきである。ただ財を積もうとすると吝嗇に陥る。これは戒めるべきである。

およそ貧乏は奢侈から起こる。奢侈のもとは衣食住である。寒松堂雑著（『寒松堂全集』巻一二「雑著」／清、魏象枢〈一六一七〜八七〉）に、

「数本の垂木で支えた屋根で風雨をおおいさえぎればよく、必ずしも広い家大きな庭でなくてよい。縄床（縄を張って作った腰かけ）で夢を見て休めばよく、必ずしも花梨《かりん》（熱帯地方から船来する材）や螺鈿の腰かけでなくてよい。竹の椅子で賓客に応対すればよく、必ずしも大理石や金漆の椅子でなくてよい。五つの簋《き》（円形、きびを盛る器）を久しく会わなかった人の前に並べればよく、必ずしも盛んな酒宴を設けなくてよい。一分の奢侈を除きさると、たちまち一分の罪過が少なくなり、一分の家屋造営を省くと、たちまち一分の道義が多くなる」と言うのは、古今の名言である。

世の人が衣食住を華美に飾るのは、人に誉められたいためである。人に誉められようとして、己の心志を疲れさせるとは、なにごとか。

宋の王旦《おうたん》は賢宰相である。玉で飾った立派な帯を売る者がいた。王旦の弟はこれを買って王旦に進

呈した。王旦は命じて、これを弟にかけさせて言った。
「佳いか悪いか？」弟は言った。
「私がこれをかけても、自分で見ることはできません」王旦は言った。
「自分から重いものを負って、見た人に『好いですね』と誉められるのは、労苦だね。私の腰にはこの物は合わない」と笑ってこれを返した。また平生着装するものは恩賜の帯にとどめたという（『宋名臣言行録』「王旦」）。古今の美事である。

斉の晏子（晏嬰）は賢大夫で、「一狐裘《いっこきゅう》三十年（注一）」である。朱子は大儒である。「脱粟《だつぞく》の飯（玄米の飯）を食らふ（注二）」とある。わがともがらが粗食に甘んじ粗末な服を着るのは、当然のことである。

注一 『礼記』「檀弓下篇」。春秋時代、斉の晏子が一枚の狐の皮衣を三十年も着たという。非常に倹約なことのたとえ。

注二 『晏子春秋』巻六に「晏子 景公に相たり、脱粟の食《し》を食らふ」とあり、『宋史』巻三九四「胡紘伝」に「熹 学子を待つは惟だ脱粟飯のみ」とある。

注三 艮斎は、学ぶ人の「くらしの道を立てる」ことを実践している。門人の岡鹿門『在臆話記』第二集巻十一「艮斎先生、余の為に藩宰に照会して学資を給せしむ」の段（現代語訳）を左に記す。
高橋古渓は水本樹堂（成美・法制官僚）の後を継いで昌平坂学問所書生寮の舎長となった。私（鹿門）は詩文掛から、都築光蔵は経義掛から、助勤（舎長の補佐）となった。拝命の翌日、艮斎翁が私を召し、「仙台藩公に照会して、君に学資を給する事をとりもとう」と言った。

岡鹿門「清泉書屋」扁額（第五十九代宮司安藤脩重《もろしげ》受贈）

さて諸藩の学問所の書生は、誰もがその藩から学費を支給されている。しかし私は大藩の書生であるのに、前後六、七年の間、たゆまず苦学し、洗い流したように何もない貧しさで、時々雇われて文書を書き写して自給していた。艮斎翁はそういう内情を詳しく知っていた。翁は奥州の人で、一斎先生の学僕から苦学立身し、貧生の実境を経験し尽くしたので、一層私の内情を不愍に思われたのだ。

書生寮に在籍した五、六年間、外出記録は月十度までであるが、私は二、三度外出したのみである。学務記録は、人はほどよく書名を書き入れたものだ。私は三部限りの本を借りて、いちいちその書名を掲げ、三度の詩文会も、刻苦して稿を作った。艮斎翁は、毎月一回詩文会に臨んで、実情を検査した。月に一度の艮斎邸の会では、艮斎翁は、塾生一同の輪講質問に欠席しなかった。艮斎翁は、書生寮の事に意を注がれたのである。

藩公に対し幕儒が書翰を作って照会するのは、前例が無い事である。艮斎翁が照会の書翰を出し示された中に、

「祐助が門生を世話してきて今や四十年、啓輔（鹿門）のような学問人物は、いまだ見当たらぬ。学問成就の上は、きっと御藩に相応に御用に立つ人材なので、学費を与えて学問が成就してしかるべく云々」とあった。

私はこの事で、思わず感涙した。ただ「四十年云々」は、小生のような未熟者には過褒であり、他の門人をけがしてしまうことになり、恐れ入るので、「この数行は削除していただきたい」と申したが、艮斎翁は、「こう申し遣わさなければ、藩公を動かすことはできない」と言われた。

仙台藩邸の監察橋本九八郎とは面識があるので、内々の事と艮斎翁の直話を告げた。橋本

も大変悦んで承諾した。二、三ヶ月過ぎて、藩議一決し、書生寮舎長助勤の三人扶持に準拠して、遊学中、三人扶持が支給される事となった。この「遊学中」の三字にて、藩公上洛の御供御用が済んでからは、もとの無給冷飯となり、長兄に厄介の身となった。

大槻磐渓は父の友人である。遊学以来、何事も翁を主とした。順造館は仙台藩上屋敷に設けられた藩校で、磐渓はその儒員を勤番し、私の積年の苦学を知っていた。そうではあったが、艮斎が師弟の誼から藩公に照会し、この三人扶持の藩恩に浴することができた。官俸を合算すれば六人扶持である。古渓の後を継いで書生寮の舎長となってからは、合算八人扶持である。わが藩では四人扶持が平士の常禄であるが、一書生、他の家族もないのに、一朝にして八人扶持となった。これが、秋月韋軒（悌次郎）が「五口恋々」の落書をよこした理由である。

私は伊藤舎兄公に従って遊学の時、『唐宋八大家文読本』と『杜工部集』二部を携えただけである。学問所に六、七年間在籍して、一寒生、書籍一部も購入しなかった。八人扶持になって、神田明神前の書肆・内田屋に珍書あれば、俸を傾けて買い求めた。第一に桜純蔵に就き、新版の『日本外史』を買って坐右にし、同窓諸友に貸した。新刊の訳書、『瀛寰志略』（清末の徐継畬が、宣教師の知識をもとに著した世界地誌）、『地理全志』（イギリス人宣教師ミュアヘッド著）、『連邦志略』（アメリカ人宣教師ブリッジマン著。合衆国の地理歴史書）、合信（イギリスの宣教医ホブソン）氏の医書、いちいち買い求めた。この事ばかりは、まことに天宮に上った心地がした。

【間話巻之上　八丁オ】

五　足るを知る

わが亡父灌園先生（安藤親重）は、生前、一首の和歌を書いて与えた。

「十分に出来ぬは浮世六七分八九分は猶望み足りぬる」

安積艮斎「洒落」扁額（安藤智重蔵）

この言は卑近にして意味が深い。およそ人欲は限りがない。ほどほどにしてとどめるべきである。

老子は言う。

「足るを知れば辱められず、止まるを知れば殆《あや》ふからず」足りていると思えば、足らなくとも足りていると思い、足らないと思えば、足りていてもなお分不相応の願いが生ずる。わが心の持ちようにて、どうにでもなるのである。

『荀子』（「正名篇」）に「己れを以て物《ぶつ》の役《えき》と為す（自分を外界の事物のしもべにする）」とある。陶淵明は、「心を以て形の役と為す（心を体のしもべにしてきた）」（「帰去来の辞」）と言う。外界の事物のために心を労し、形体のために心を使役するのは、無益のことだね。富貴を慕わず、貧賤に安んじれば、胸中は洒落《しゃらく》（さっぱりして心にわだかまりがない）になって、君主の楽しみにもまさるのである。

『荘子』（「盗跖篇」）に「平らかなるを福と為す（ほどのよい調和を得ているのが幸福なことだ）」とある。善いことも、無いことには及ばない。わざわいが無いよりも幸いなことはない。
『易』（「繫辞上伝」）の占辞に、吉・凶・悔（凶に居ながら後悔憂慮して吉に赴くこと）・吝（吉に居ながら逸楽猶予して凶に陥ること）がある。吉は一つにして、凶・悔・吝は三つである。吉が得がたいのは、天地自然の道理である。

今日無事にして聖人の書物を読み、道義の一端をさとるのは、人生の清福といえる。かつまた十分に望みが足りた状態は、はなはだ恐れるべきである。日は真ん中にくると傾き、月は満ちると欠ける。人が盛んになると衰えるのは、陰陽・消息（消えることと、生じること）・自然の道理である。盛んで満ちている状態は、聖人が慎むものである。

居宅が落成したとき、わざと三つの瓦を欠いて置かないことが、『史記』「亀策伝」に見える。また『説苑《ぜいえん》』に「衣服ができ上がればわざと襟をとり去って未完のものとし、宮殿が完成すればわざとその一隅の部分をとり去る」とある。わが国にも、豪壮な建物の造営には、逆柱《さかばしら》というものがあって、わざと柱をさかさまに立てるのは、盛んで満ちている状態を恐れる意をやどすと聞く。

『春秋左氏伝』（僖公二年・前六五八年）の「斉侯（斉の桓公）、宋公、江人、黄人、貫《かん》（春秋、宋の地。山東省曹県の南）に盟す」の下に「貂《ちょう》（斉の宦官）、師（軍事機密）を多魚《たぎょ》（地名）に漏らす」という一句を置いた。桓公が貫にて会盟したのは盛んで満ちた状態を極めた時であるのに、宦官の貂は軍事機密のはかりごとを多魚にて漏らした。斉の乱の原因の一句を置いたのだ。これは、盛衰の理に通じたすぐれた文と言うべきだ。

かつまた世の人は、財貨に富み俸禄が進むことを幸福と言うのを知り、父子兄弟夫婦の間が和合して、一家団欒の楽しみがあることが第一の幸福であることを知らない。

昔、一人の農夫がいた。山の上にある仙人の廟に久しく日参した。ある日仙人が出現して、「おまえのような農夫が誠敬（まごころから慎み敬う）を尽くして日参する志に感じ入った。おまえの願うことを、どんなことでも叶えてつかわそう」と言った。農夫は拝伏し、「私のようなしもじもに、分不相応な願いはありません。ただ妻が賢く、子が善良で、財貨も困窮にいたらないことが、しもじもの願いです」と言った。仙人は表情を変えてたいそう驚き、「千金の富を成し、一万戸の俸禄を得ることを望むならば、私はそれを叶えることができる。しかし、妻が賢く、子が善良で、財貨も乏しくないというのは、たとえ上清仙人（道教、天上界の最高天の一「上清境」に住む仙人）であっても得がたいものである。おまえのようなしもじもの者が、どうして分不相応の願いごとをするのか」と言った。

このように、一家が睦び合う団欒の楽しみは、富貴が及ぶものではない。たとえ上清仙人であっても得がたいもので、人生の大きな幸福なのである。

阪注 ここまでの三話は、驕奢の害、それは衣食住から生じること、欲は限りがないから「足るを知る」ことが大切であると説く。「足るを知る」は個人道徳にとどまらず、『洋外紀略』に見るように、外交、軍事、経済、政治の分野にまで及ぶ民斎の基本思想である。「（海外の諸国）の主張は、余ったものを減らして足りないものを補うことが天の道にかなうとするものである。けれども実体はただ利益を手に入れようと謀るだけである。……そもそも自分の利益を追求する者は、必ず人に災禍を及ぼす」（『洋外紀略』一三五頁、明徳出版社）。「もしもその分に満足せず、その地が生み出したものを楽しまず、また他の国の豊かさを羨ましがるのならば、それは天地が人を生み出した本意ではないのだ」（同右一五〇頁）。

【間話巻之上　九丁ウ】

六　忠孝の理

呂滎公《りょけい》（宋朝の名臣）は、「よく『好人なし』（欠点ある人ばかりだ）というが、このような驕慢なことばは、有徳者の言うものではない（注一）」と言った。これは忠厚の言であると言えよう。人は欲心から免れがたいものだが、忠臣・孝子・貞女・烈婦となると、欲に引かれず天地の正道を守った者が、古史に多く見える。今の世においても同じく、天地の間に生まれたのが人である。忠臣・孝子・貞女・烈婦がいないと言うべきではない。

忠孝の理は、人がもとから自然に持っている本質なので、たとえ学ばなくとも、本質が善なる者は、忠孝を行えるようになる。聖人は天下後世の人を待つにあたり、善人君子をこそ望んで教えを立て、人を徳へと導いたのである。それなのに、自分からきめつけて、「欲の世界に生まれた者が、どうして忠臣孝子になることができようか、善人君子になることができようか」と言う。誰も防ぎ止める者がいないのに自暴自棄になるのは、わが身をはなはだしく侮り軽んじることだ。

自分が桑間《そうかん》（河南省、濮水《ぼくすい》のほとり。音楽は淫靡であった）で生まれた身であっても、天地の恩には報いるべきである。ましてやわが身は先祖の血統を嗣ぎ、父母がのこし与えた体の、尊い身である。それなのに「欲の世界である」として、道義を守らないのは、先祖父母を侮り、天地日月を軽んじることである。

仏教ではこの身は死んでも再生すると言うけれども、まだ、前世では何のたれがしなり来世では何のたれがしなりという確定した証拠がない。空誕の説と言えよう。さて昔千万年、来世千万年の間、わが身はただ一身である。その生命も六、七十年の短い軽塵浮漚《ふおう》（浮かんだ泡）の身なので、朝夕、心力を尽くし、道義を守り、孝悌忠信の道を講究し、古の賢人君子と肩を並べたならば、身は死んでも栄名は後世を照らすことだろう。これをまことの孝と称するのである。

曽子は孔子の門人の中の孝子である。その言に「三たび吾身を省る」（『論語』「学而篇」）とある。「吾身」の二字はとても重く、玩味すべきであると、陸稼書（朱子学者）の『松陽講義』によく弁じている。

およそ人心が同じでないのは、その顔と同様である。

「人の一生は五十年なのだから、人欲を極め、歓楽を尽くすのが好い」と言う人がいる。「人の一生は五十年なのだから、朝夕道義を講究し、早く古人の境地に入って、誠の人になってから死ぬべきだ。まだ道を聞かないうちに死んだならば、酒に酔ったり夢を見たりしているような気持ちで一生を送り（価値のあることをせず、無駄に一生を過ごし）、草木と同じようにほろびてしまう」と言う者がいる。世の人格者は、どちらを採るやいなや。

注一　『小学』「外篇」「嘉言」に「好人無しの三字は、有徳者の言にあらざるなり」とある。

七　立志

【間話巻之上　十一丁オ】

昔、顧愷之《こがいし》（東晋の画家）は人物を描いて、容易に瞳を点じなかった。人がそのわけを問うと、「精神は阿堵《あと》の中にある」と言った。「阿堵」は俗語で、「これ」のことで、瞳を指すのである。（『世説新語』「巧芸篇」）人物を描いて眉目手足衣冠が備わっても、瞳を点じなければ、全身は死んで精神がない。瞳を点じると、たちまち精神が発起して活動の勢いが生じる。

学ぶ人もこれと同じだ。志が立たない者は、学業に精神がなく、酒に酔った人のようにぼんやりゆったりとして、右をたすければ左に倒れ、左をたすければ右に倒れ、左右をたすければ前後に顛覆する。たとえ孔孟の門に入って提耳面命《ていじめんめい》（注一）（耳をひっぱっても聞かせ、面と向かって言いきかせる）を受けたとしても、進歩は成りがたい。ましてや、並の儒者が教化できるものではない。もしひとたび奮然として志を立てた時は、精神が堅固になって、春の湖が湧くように学問が進む。だから、学問も阿堵（これ。立志）の中にあると言える。孔子が、「憤っていなければ、指導しない。心のうちにわだかまっていなければ、はっきり教えない。一隅をとりあげて示すとあとの三隅で答えるというほどでなければ、くりかえすことはしない（注二）」と言ったのは、この意である。

自分の志が篤くして、もし義理（正しい筋道）に通じないことがあるならば、心のうちにわだかまり憤って、義理に通じることを求める。あたかも盲者が見ることを忘れず、聾者が聴くことを忘れないようであるならば、一言のもとに視野が開けて真理を悟ることだろう。

邵雍《しょうよう》（北宋の学者。自然哲学を説き、朱熹らに影響を与えた）は、穆脩《ぼくしゅう》（北宋の学者）に従学した。経《けい》義《ぎ》（経書に示されている意味）の疑問を質問するとき、穆脩がその端緒を開くと、邵雍は、「その後の意味は考えてみます」と言って、その端緒に就いて探究し、精深を極めた。これはまことに学ぶ人の手本である。学が成るか成らないかは、志の有無による。朝夕奮起して志を立てることは、学ぶ人の一番はじめの工夫（修養）である。

注一　『詩経』「大雅」「抑」に「面《まのあた》り之に命ずるのみに匪ず、言に其の耳に提す」とある。

注二　『論語』「述而篇」に「憤せずんば啓せず、悱《ひ》せずんば発せず。一隅《いちぐう》を挙げて之に示し、三偶を以て反《かえ》らざれば、則ち復たせざるなり」とある。

八　何事か成らざらん

【間話巻之上　十二丁オ】

朱子が「万事成らざれば、須らく吾が志を責むべし（物事が達成できない時、まず自身の志を責めよ）」と言うのは、確言である。志は万事の基本である。志が確立した時は、精神が純一になって、天地を動かし鬼神を感応させて（「毛詩大序」に「天地を動かし鬼神を感ぜしむ」とある）、金石をも貫くことができる。朱子の「陽気発する処、金石も亦た透る。精神一たび到れば、何事か成らざらん（注一）」（『朱子語類』「学二」「総論為学之方」）と言うのは、とりわけ名言である。

大将が軍役にあって、軍律や命令が厳格で、方針が明確で、ごくわずかの怠気もなければ、士卒は皆恐れ慎んで、臆病の気が無くなる。大将が惰弱であれば、士卒は軍律や命令を犯す者も多くなる。志は一身の大将であって、耳目口鼻は皆士卒である。志が本当に確立した時は、耳目口鼻、種々の私欲は退き従うのである。

『論語』（「学而篇」）に「君子食飽くを求むること無く、居安きを求むること無し（君子は贅沢な食事を求めず、居心地の好い家を求めない）」とある。この古注に「志が別にあって、飽食や安楽な住まいのくらしに及ぶひまもないのである」と言うのは、意味が深い。道義に志が集中していれば、衣食居住の取るに足らない欲に及ぶひまはないのである。朱子もこの言を『集注』（『四書集注』）に用いている。

孟子が「心耳目の中の大きなもの（心）を確立すれば、心耳目の中の小さなもの（耳目の欲望）が心のはたらきを奪うことはできない（注二）」と言うのは、この意である。

かつまた志すことは、十年二十年を論ぜず、息がある間、その志を怠ってはいけない。死後、終わると思うべきである。

朱子は、同安（福建省）の主簿（文書帳簿を管理する官）であった時、下郷《かきょう》（江蘇省淮陰県の地名）の寺にいて、『論語』（「子張篇」）の「子夏の門人小子」の章を思量し、徹夜して眠らずついにホトトギスの声を聞いたとあり（『朱子語類』「論語三十二」「子張篇」「子夏之門人小子章」）、その志の強さが想像される。臨終の前に、『大学』「誠意」の章の注を改めた。その志の高遠さが想像される。朱子の万に一、二も及ばない者が、怠惰して奮励しなければ、小成（学問が少し成し遂げられるさま）にも至りがたいのだ。

注一　朱子の名言にして艮斎が援用した「陽気発する処、金石も亦た透る……」から、木戸孝允は、安積郡（現郡山市）の近代教育発祥の小学校名を「金透」と名づけた。艮斎が長州藩校有備館（江戸桜田邸）教授を務めていたとき、孝允はその御用掛である。艮斎は十五人扶持の待遇を受け、また「有備館の記」を撰した。

注二　『孟子』「告子章句上篇」に「其の大なる者を立つれば、則ち其の小なる者奪ふ能はず」とある。

九　天下の楽　【間話巻之上　十三丁オ】

天下の楽《らく》は、道義に過ぎたものはない。孔子や顔回は勿論である。後漢の東平王（劉蒼）も、「善を為すこと最も楽し」（『蒙求』「東平為善」）と言う。諸葛孔明は宰相の職にあって、天下の人欲に関しては、どんなことでも得られないことはなかった。しかしながら、蜀の後主《こうしゅ》（劉禅）に奉った書（「出師表（注一）を見れば、少しも声色貨利（音楽・女色・財貨・利益）に心を置かず、忠義に力を尽くしたことがわかる。

昔の人も今の人も気持ちに違いはないのである。それなのに、「道義ほど楽しいものはないと言うのは、きっと偽りなのだ」と言う者がいる。まさしく『老子』（第四十一章）に「下士は道を聞きては之を笑ふ」と言うのはこのことである。二、三歳の幼児に小判と煎餅とを並べて、「どちらを取るか」と言ったならば、幼児は煎餅を取る。義と利とを並べたときに、小人は義を捨てて利を取る。幼児の見識と同じである。

わがともがらは書物を読み、義と利の区別、内外（己に在るものと外に存するもの）・軽重（軽んずべきことと重んずべきこと）の区別は、少しはわかっているようである。しかし、その味の深いところを会得していないので、隣の宝を数えるようには、自分のものに成りがたく、ともすれば声色貨利の念が起こり、外物（富や名誉）の目方は重く、道義の目方は軽くなるのである。

生まれてからずっと物欲に慣れていると、いつとなくその癖がつき、心の明徳（人間の生まれつきの純粋で曇りのない本性）が汚れて、道義を行うことが、まるで太行（注二）・蜀道（蜀に通じる険しい道）の険を行くように、とても艱難に思うのである。

もし本当に志を立てて怠けずに行うとなれば、はじめは難しいものだ。後には、しだいに習熟して、

「道義ほど楽しいものはない」と思うであろう。道義に慣れて、不善のことは不得手になるのである。

鄙びた所でも久しく住めば都となる。出羽国の海上に飛島《とびしま》という島がある。人々が住み漁猟を生業としている。秋田から四十里あまりある。かつてこの島へ仙台の眼科赤松休亭という人が渡った。逗留の間に八十余歳の老婆が、

「世には馬という獣がいると聞く。私は生きているうちに一度馬を見てから死にたい」と語った。

赤松はあきれて、

「あなたのように、馬も見ることができない孤島に一生を送っては、何の楽しみがあろうか」と大笑いしたが、老婆は言った。

「そんなことはない。この島に住めば相応に楽がある。世の中の繁華にもかえってまさる。私の隣家に若い娘がいて、容色がとても麗しい。秋田の富商が妻にしようとして、連れて秋田に行った。一、二ヶ月いたが、城下の繁華に堪えかねて、二度と行かなかった。世の中はあまりに騒がしい。この島の静けさこそが善い」このことは、仙台の大屋士由(注三)の『花径樵話』に載せる。

このように、住めば都で、一孤島の内にも久しく慣れれば楽はある。ましてや仁義は天下の安宅大《あんたくたい》路《ろ》(注四)なので、しだいに習熟に及んだときは、花の都よりも楽しみが深かろう。

『周易』(「繋辞下伝」)に「損は先には難《かた》くして後には易《やす》し(損は最初こそ努力を必要として難儀である

が、後には慣れて容易に行い得る道である）」とある。「怒りを懲らし（おさえ）欲を塞ぐ」ことは、「損」の卦の工夫（修養）である。先には難く後には易きに至るという意味である。

注一　諸葛孔明が魏討伐に出陣するとき、後主劉禅に奉った上表文（『三国志』「諸葛亮伝」）。『文選』に「出師表」の題で収められた。蜀の危急存亡に際して、後主が賢者を尊び諫言を入れて先主劉備の遺徳を高めるよう願い、頼るべき人材の名をあげて推薦するとともに、北伐の目的を明らかにして己の忠誠心を吐露した。「出師表を読んで泣かざる者は忠臣にあらず」と言う。

注二　太行山。山西・河北・河南省を南北に走る大山脈。「天下の脊」と言う。なお艮斎は太行山を詠じている。版本には収めないが、詩幅が伝わる。

一身備歴百辛艱　　一身備《つぶさ》に歴《へ》たり 百の辛艱《しんかん》
鏡裏蕭蕭白髪斑　　鏡《きょう》裏《り》 蕭蕭《しょうしょう》として白髪斑《まだら》なり
男子惟当強脊骨　　男子惟《こ》れ当に脊骨《せきこつ》を強くして
前途更上太行山　　前途更に太行山《たいこうさん》に上るべし
＊上平十五刪

注三　大屋士由　一七八八～一八五〇　陸奥国登米郡狼河原村に生まる。国学者。兵法に通じた。二本松藩士。二本松市大平の地蔵堂に艮斎撰文「大屋士由翁墓碣」がある。

注四　人の居るべく、またよるべきところ。『孟子』「離婁章句上篇」に「仁は人の安宅なり、義は人の正路なり」とある。

一〇　士の本意

およそ士たる者は、戦場に臨み、忠義のために死ぬことを本意とする。安逸にふけり、酒色貨財に心が溺れることは、小人のことである。泰平の時にあっても戦場の心持ちで、物事に油断してはいけない。

孔子のことばに「志士は溝壑に在るを忘れず、勇士は其の元《こうべ》（首）を喪ふを忘れず（注一）」（『孟子』「滕文公章句下篇」）とある。後漢の馬援《ばえん》は、「我身を馬革《ばかく》（馬の皮）に裹《つつ》み郊野に棄てられん」（匈奴征伐に出撃する覚悟を述べた言葉。『後漢書』「馬援伝」）と言う。梁の王彦章《おうげんしょう》は、「豹は死して皮を留め、人は死して名を留む」（『五代史』「王彦章伝」）と言う。豪傑の士が志を立てたことを思うべきである。

泰平の時は、酒色貨財を嗜好するさまざまな私欲はわが敵と思って、勇猛な志気でうち破り、身心を堅固に守るべきである。私欲はわが身を害する大賊である。これを破ることは、その功が鎧《よろい》武者の首を取るよりも大きいのである。

朱子は克己の工夫（修養）を論じて言った。

「項羽が章邯《しょうかん》（秦最後の名将）と鉅鹿《きょろく》（河北省平郷県の治）で戦った時、舟を沈めて釜を破り、三日の食糧を持って必死になって戦ったようにすればよい（注二）」

王陽明のことばに、「山中の賊を破るは易く、心中の賊を破るは難し（注三）」とある。まことに、心中私欲の敵を破ることは、泰平の戦場にては、天地君父への大忠孝なのである。

注一　志士は道のためなら、殺されて屍を溝や谷間に棄てられるくらいのことは、常に覚悟しているし、勇士は義のためなら、いつ首をとられても、いささかも恐れぬものである。小泉純一郎首相施政方針演説で、吉田松陰が用いた孔子の言葉として、「志士は溝壑に在るを忘れず」を引いた。

注二　『史記』「項羽本紀」に「鉅鹿の戦いで、項羽は楚の全軍をひきいて黄河を渡り、その時使用した船はみな沈め、釜や甑の炊事具はこわし、宿陣にあてた住居を焼きはらい、わずか三日の食糧を持っただけで、必死の覚悟をきめ、生還する意志が微塵もないことを士卒に示した。こうして項羽は疾風の勢いで鉅鹿に至り、秦軍を破った」とある。「破釜沈船《はふちんせん》」と言う。

注三　山中に立てこもっている賊を討伐するのはやさしいが、心中の邪念にうち勝つのはむずかしい。自分の心を律することは困難である。

一一　臆病稽古せよ　【閒話巻之上　十五丁ウ】

江戸は大都会で、中央や地方の士民が一ヶ所に寄り集まる地なので、道中で無礼をする者もいる。それなのに、その無礼を責めて口論となり、ついに殺傷に及ぶのは、大たわけである。とりわけ並はずれて無礼がひどく、士道の疵になるのでは、容認しがたいこともあるが、大体は許すべきである。

昔ある人が坂田金時に勇士になるための工夫（修養）を問うたところ、「臆病稽古せよ」と教えた。そのことは、星野葛山の『武学拾粋』に見える。これには深い意味がある。およそ勇士とは慎み深いもので、物事の道理の軽重をよく見分け、危うい所に近寄らず、人だかりの所に行かず、堪忍を第一として、喧嘩口論をしない。人に対して無礼を行わない。人が無礼なことをしても、決して怒り取り合わない。このように身を大切に守るのは、自分の身は君主へたてまつったもので、自分の自由にならないからであって、君主の用に立つためなのである。

また慎みがない者は油断が多く、人がその隙に乗じることがある。しかし、このように堅固に身を守っていれば、金城湯池（守りが堅い城と熱湯の堀）のように、攻め入る所がない。ひとたび君主のために勇を発する時は、その忠誠純一の気は、金石を貫き、鉄壁をくだく。これを真の勇士と称するのである。血気の勇を好み、争闘を喜ぶ者は、下郎の勇であって、犬死にすることもあるのだ。

ただ士ばかりではない。古の名将は、慎み深く臆病な者なのである。梁の韋叡が北魏と戦う時、堰を築いて水を引き、堅固に陣を構えてなかなか戦わなかった。ある人が「あまりにも臆病だ」と笑ったら、韋叡は、

「大将たる者、もっぱら勇をふるうべきではない。臆病の時もあるべきだ」と言った。

長篠の戦いに織田信長は、三重に柵を構え、鉄砲を並べ、甲斐の猛士をうち殺した。これは臆病のようだけれども、兵略に通じて慎み深かったと言うべきである。この時甲斐の馬場信房・山縣昌景等は、

「敵が新たに来て、その勢いは鋭く、戦わずに避けるしかありませぬ」と諫めた。長坂調閑・跡部勝資が、

「一戦交えて両方の敵に勝つのは今日なのだ。臆病な計を聴いてはなりませぬ」と言った。武田勝頼はこの言を用い、血気の勇を奮ったので大敗北した。

平松金次郎のことを人は平生「臆病者よ」と侮り笑って、同じ所に刀を置かなかった。平松はすこしも怒らず、へりくだり慎んでいた。長久手の戦いに、森武蔵守長可《ながよし》が三千の精兵を率いて、黒雲が捲きあがる勢いで攻めかかった。鬼武蔵の勇に畏れたのか、諸士の中で踏み込んで槍を入れる者がいなかった。ただ平松一人が奮然として進み、一番槍を合わせ大功をあらわした。この後、平松は諸士に向かい、

「私は喧嘩にははなはだ臆病だが、戦場では大剛の士なのだ。諸士もその心得で交わってくれ」と言った。感称に堪えない。

士は平生わが身を守り、忠義を尽くそうと思い、決して喧嘩口論で身を失ってはいけない。金時の

「臆病稽古せよ」という意味は、まことに深い。

注一　（株）ブリヂストン元ＣＥＯ荒川詔四著『優れたリーダーはみな小心者である。』の考え方と相通ずる。

【間話巻之上　十七丁ウ】

一二　怒りは逆徳

わが心は一身の主宰、万事の根本である。心を執り定めなければ、家に主人がいないのと同じで、私欲が蜂起して、思わぬ不善の事をしてしまう。心が存しないのは、戒慎の意が薄いからで、わがままから起こる。

高貴な人の前では、坐を正し衣を整え、敬う心が深いので、あやまちも少ない。家の中の妻子の間では、誰もおそれる者がなく、心に油断があるので、自然とわがままになり、言語動作に無理なことが多く生ずるのである。

『書経』（「皐陶謨篇」）に丹朱（尭の子）の不善なる行いを挙げ、「丹朱は傲って、慢りに遊ぶことを好む」と言う。「傲」はつまりわがままのことである。

平生家内妻子の間に居て、天命を畏れ、「一物、所を失ふは乱の端（注二）（一つでもその立場の適切でないことがあればそれは国家社会の乱れる発端である）」とみずから戒めていれば、非道のことがあるはずがない。一家が治まらないのは、一身が修まらないことから起こる。一身が修まらないのは、一心が正しくないことに因る。外に出て公の場で慎んだとしても、内に入って妻子の間で怠るのは、外見を修飾しただけであり、実学（実践躬行の学）とは言えない。

妻子や下男下女が、とりわけ意に適わないことがある時、はなはだしく怒って度が過ぎれば、まったく道にそむく。人の不善を責めて、己も不善に入る。怒りは逆徳で（注二）、非常な賢人でなければ、是非が見分けられなくなりやすい。

わが心を静めて血気に動かないように鎮定し、あるいは一、二日を経て発するべきである。急に発する時は、五分の怒りは七分になり、七分の怒りは十分にいたる。中庸を失って害を生ずることが多い。顔回は「怒りを遷さず（怒りにまかせての八つあたりはせず）」（『論語』「雍也篇」）と言う。ただ「室に怒る者は、市に色す（家の中で怒った者は、街に出ても怒りを顔に表している）」（『戦国策』「韓策」）というように、罪のない者に八つあたりをするというだけではない。節度を超えたことも、八つあたりと言うべきである。

『周易』（「損」）に「忿《いか》りを懲らす（忿怒をおさえる）」とある。『論語』（「顔淵篇」）に「一朝の忿《いきどお》りに其の身を忘れて以て其の親《しん》に及ぼす（一時の怒りにわが身を忘れたうえ、近親まで巻きぞえにする）」とある。家内だけでなく、世人と接するにも、怒りはとりわけ慎むべきである。

劉寛が熱羹《ねっこう》に驚かず（注三）、牛弘《ぎゅうこう》が射牛《せきぎゅう》を問わず（注四）、韓琦が撚鬚《ねんしゅ》に顔色を変えず（注五）、呂祖謙《りょそけん》（南宋の儒学者）が「われとわが身に深く責めて、人を責めるのをゆるくする（注六）」の章を読んで、せっかちな性格を変えたような類、皆後人の模範とすべきである。

注一　『荀子』「正論篇」に「一物、称を失ふは乱の端なり」とある。

注二　道理にそむいた行い。『史記』「平津侯主父列伝」に「怒りは逆徳なり」とある。

注三　劉寛（後漢の大官）の夫人が試みに劉寛を怒らせようとして、下女に命じてわざとあつものを朝衣に注がせたが、却って下女をいたわった。『後漢書』。

注四　隋の牛弘（重臣）の弟が酒に酔って牛弘の車につける牛を殺し、牛弘の妻が怒って告げ口したが、牛弘はまったく取り合わなかった。

注五　韓琦（北宋の宰相）が定州（河北省内）に駐屯していた時、手紙を書くため兵卒にロウソクを照らすよう命じた。その火が韓琦のもみあげに移ったので袖でおさえて消したが、過ちに対して穏便に済ませた。

注六　『論語』「衛霊公篇」に「躬《み》自ら厚くして、薄く人を責む」とある。

阪注　心の規範が道徳であり、社会の規範が倫理である。両者の関係については「一二一　君臣(1)」の阪注を参照されたい。

一三　学問に勉めよ　(1)　【間話巻之上　十八丁ウ】

北魏の道武帝は問うた。

「最もよく人の才能を増し補うものは、何であるか」李先（学者・軍師）は言った。

「ひたすら読書すれば、才能を増し補うことができます」これを古人は名言と称えている。

五代唐の明宗は言った。

「余は儒学者の講義を聴くのが好きである。人の智思をたいそう開き増やす」書物は聖賢の言行を載せるものなので、自然と人の知識が開け、道義を明らかにし、勿論有益である。古今数千年の治乱興廃を通観し、縦横数万里の国や風土を広く観察し、心志を養い、精神を高める。その楽しみは言い尽くせない。

欧陽脩の詩に、

「至れるかな天下の楽　終日几案に在り」と言う。吉田兼好が、

「燈の下に古人を友とす」(注一)と言うのも、この意であろう。

しかしながら初学の子弟は、その楽しみの深さがわかりにくく、中途でやめるのだ。数年の刻苦を忍耐することができず、一生の楽しみを失ってしまう。惜しいことだね。

ことに君主は国家人民の大任があるのだから、格別に学問には勉めるべきである。才知があっても学問がない人は、小事に明るく大道に暗いので、よく国を治めるのは難しかろう。

備前の池田光政公は、十四才の時のある夜、五更（午前三時から五時）になるまで枕につかなかった。翌日侍臣がそのわけを問うた。公は、

「特別なことはない。私は大国を領し、すでに十四才になったが、どのようにして治めるべきなのかがわからない。さまざまに工夫したが、国を治めるための良い方法が見えにくい。とかく学問で智を開くのでなければ治められないということを、ようやく考えつき、それから心が落ち着いて、寝ついた」と言った。

これは古今の確言で、李先の言葉とも符合し、尊いことである。李先は儒学者だから、そういうこともあろう。池田公は幼年でここに気づいたのだから、この上なく聡明であったと言える。後に賢明な君主となって大国を治め、政事はとても立派であった。学問が君主の急務であることを知るべきだ。

しかしながら、君主が学問に通暁していると、小人が迷惑するので、多くは学問を勧めないものである。唐の仇士良《きゅうしりょう》（宦官。軍を掌握し、二王・一妃・四宰相を殺し、二十余年権力の座にいた）という姦臣が臨終の時、子孫を集めて、

「君主はひまになってはいけない。つねにぜいたくをさせて耳目を喜ばせ、酒色に溺れさせれば、

わが同類は望みをかなえることができる。決して書物を読ませたり儒学者を近づけたりしてはいけない。君主が治乱興廃のあとを見て憂懼《ゆうく》を知れば、わが同類は退けられてしまう」と言った。小人の奸計は恐ろしい。

注一 『徒然草』第十三段に「ひとり燈火のもとに文をひろげて、見ぬ世の人を友とするこそ、こよなう慰むわざなれ」とある。

一四　道は天下の公道なり　【間話巻之上　二十丁オ】

道は天下の公道であり、学は天下の公学である（王陽明『伝習録』巻中／「公」は客観的な普遍性をもつことを表す）。孔子孟子が私有するものではなく（孔孟を相対化する言）、広く天下の善を採るべきである（注一）。

『書経』（「咸有一徳篇」）に、「徳に常師無く、善を主とするを師と為す（徳には決まった師はなく、善を拠り処にするものを師とする）」とあるので、善がある所は皆わが師である。舜は大聖人である。それでもなお邇言（身近な実行しやすいことば。『中庸』第二章）を察した。孔子は大聖人である。それでも、

「我れ三人行へば必ず我が師を得（私は三人で行動したら、きっとそこに自分の師をみつける）」（『論語』「述而篇」）と言った。だから学は、一家を墨守する必要がない。道が存するところは皆学と思うべきである。

程朱（程顥《ていこう》・程頤《ていい》と朱熹《しゅき》）の諸賢は勿論である。陸象山《りくしょうざん》・王陽明諸氏の言も、その善なるものは皆従うべきである。漢唐の儒学者らの説も採るべきである。老荘、申韓（法家の申不害《しんふがい》・韓非子《かんぴし》）、仏陀の言も、善なるものは皆採るべきである。愚夫愚婦の言も採るべきである。このように胸襟が広大で、古今を包括する勢いがあれば、志が高大とも言われよう。

朱舜水は言った。

「学問の道は、皮衣を仕立てて、その中からすぐれたものを選んで採るようなものである。もし、『私は某氏の学、私は某氏の学』と言うならば、それはいわゆる博学審問（注二）というものではないのである」（『朱舜水文選』）この言葉は通会《つうえ》（矛盾相違した教説法門の相違を融通和会すること）の論と言えよう。

今の学者は門を分かち戸を分かち、おのおのその識見を守り、朱子学と言えば、陸王の学は異端邪説と言いふらし、その善なる所をおおむね棄てる。漢学（漢代の学問）と言えば、朱子学を老仏（老子・仏陀）と同じく排斥する。それらは、おのおのがその学を主張しようと思うことから起こる。天下にいくらもいない儒者の中で門戸の見を争い、仇敵のように思うのは、公平の道に反している。

朱子は厳毅《げんき》（おごそかで心がつよい）方正の人である。陸象山と太極の弁（注三）、鵝湖《がこ》の論（注四）は合わなかったが、象山を白鹿洞《はくろくどう》書院に招き、門人を集めて講義を聴き、また象山に依頼して講義を文に綴った。これは人の善を採る公平の道である。

象山も、その門人に朱子を非難する者がいた時、きつく弁責したことが文集に見える。よって、学問の道は広く善を採るべきである。

さて、実学に志が篤い人のために言おう。志が篤い人は、人の善を採ってわが善として活用するのである。ゆえに、申韓老仏の言でも愚夫愚婦の言も、その善なるところは、みなわが身の修養反省のたすけとなるのである。ちょうど上手な鍛冶屋が銅の中から金を取り出すのと同じである。聖賢の言を活用しない人は、下手な鍛冶屋が精金（銅）を用いそこねて鉛同様にしてしまうのと同じである。

注一　王陽明『伝習録』に「夫れ道は天下の公道なり、学は天下の公学なり。朱子の得て私《わたくし》すべきにあらざるなり、孔子の得て私すべきにあらざるなり」とある。吉田公平氏（『王陽明「伝習録」を読む』）は、「道は天下の公道なり。学は天下の公学なり。これまた大胆不敵な発言である。朱子や孔子とてもそれを独占することは許されないのだと主張するのである」「これは、心即理説に根源をもつ言表である」「孔子からも、もちろん朱子からも独立して思索することを高らかに宣言した文章である」とする。

艮斎の師佐藤一斎は「陽朱陰王」と言われ、実質的には陽明学者だった。艮斎は朱子学を主としつつ、陽明学の善なる所を採用した。徳富蘇峰は、「（艮斎）先生宋学を主とするも必ずしも拘泥せず」（艮斎銅像の文章）と評した。

艮斎の門人吉田松陰について、松陰の門人天野御民は、「(松陰)先生の学固り朱子学を主とすと雖も敢て一に偏せず。其論語を講ずるに当ても諸注一見の便を以て時としては論語徴集覧を以てし或は古注或は仁斎又は徂徠王陽明の説を交へ之に己の発明説を加へ取捨折衷せられ其余考證を主とせり。其発明する所多く之に拠れり」(『松下村塾零話』明治三十年)と評した。艮斎と松陰の学問の傾向は一致している。

その師弟関係について大江志乃夫は、「安積艮斎に儒学を学び、家学である兵学という技術学のわくを踏み越えて政治哲学の分野に突き進むとともに、技術学の分野では佐久間象山に洋学を学んだ。生粋の武士であり、それも藩の兵学師範という家学の伝統のなかで生きてきた松陰が、日本的視野にたって、日本の危機に対処する政治と軍事を考えるという立場にたつための、命がけの飛躍がはじまった」(「木戸孝允」『人物日本の歴史20新政の演出』昭和五十一年)という。

注二 ひろく学びつまびらかに問う。『中庸』に述べられている学問研究の方法。

注三 太極図についての論争。朱子は「太極=理」と定義して太極図を重視したが、陸象山は太極図への懐疑を提示した。

注四 朱子と陸象山は信州鵝湖寺に会し、その所信を語り合う。朱子が博覧して後これを約せしめようとしたのに対し、象山はまず人の本心を闡明しようとした。

❊

程朱の諸賢は勿論なり。陸象山王陽明諸公の言も其の善なるは皆従ふべし。漢唐諸儒の説も取るべし。老荘申韓仏氏の言も善なるは皆取るべし。愚夫愚婦の言も亦た取るべし。かくの如く胸襟豁大、古今を包括する勢にて、志の高大とも云ふべし。

今の学者は門を別かち、戸を分かち、各々其の識見を守り、朱子学と云へば、陸王の学は異端邪説と号し、其善なる所を概棄す。漢学と云はば、程朱の学を老仏の如くに排斥するは、各々其の学を主張せんと思ふより起こり、天下に幾許もなき儒者の中にて門戸の見を争ひ、仇讐の如く思ふは、公平の道に非ざるに似たり。

一五　仏教を善く用いる　【間話巻之上　二十一丁ウ】

わが国で賢人忠臣名将と称える平重盛・楠木正成諸公が仏教を信仰したことをそしる人がいる。これは儒学が明らかでない世に出たからで、自然と仏教に入ったのである。仏教に、死生を解脱《げだつ》し妄念を消除する工夫（修養）がある。およそ士たる者は、種々の妄念があったならば、私欲に惑って、忠孝を行うことができない。死生を解脱しないならば、いのちを惜しんでしまい、敵を破ることができない。

仏教は空《くう》を尊んで、倫理・綱常（人の守るべき大道）からは離れたものだけれども、重盛・正成諸公はその説に因って死生を忘れ、私欲を去り、忠孝を尽くした。仏教を十分に活用してわが実用にしたのである。滄浪童子の歌（注二）も、孔子の耳に入れば、人を導く善教となり、陽虎《ようこ》（孔子と同時代の人で、季氏に仕えていたが、乱を起こした）のような悪人の言葉も、孟子の説に入れば、国を治める要言となる。すべてその人の用い方で、瓦礫も光明を放つのである。

むかし楚の大夫は、燕の君主へ書翰を奉つろうとして、夜中に筆を執ったが、燭（ともし火）が明るくないので、燭を持っている者に、「燭を明るくせよ」と言おうと思って、うっかり「燭」の字を書いてしまった。燕の君主はその書翰を見て「燭」の字に至り、意味が通じにくいので深く考えた。「燭」は明らかなものなので、「国を治めるのも明をもってせよ」というなぞかけと思い、その時から賞罰を正しくし、賢才を登用し、民情に精通するようになったので、燕国はたいそう治まった。これは大きな誤解だけれども、その用い方から、政事のたすけとなった。

ましてや仏教は道理が高妙なものなので、重盛・正成はその説を善く用いて、虚を実にし、人倫から離れた道によって人倫を治めるための工夫（修養）としたのである。梁の武帝のような佞仏《ねいぶつ》（冥福を得ようとして仏にこびへつらう）とは、天と地の別がある。一概に誹謗すべきではない。

かりにもこの諸公は、福田《ふくでん》（善行の結果として福徳が生ずること）利益《りやく》の説を信じ、極楽浄土に生まれたいなどと、証拠もない空言《くうげん》を信じる人ではない。この諸公が聖人の道を深く学んでいたならば、その功徳はさらに広大であっただろう。

惜しいかな、中国においても、白居易・楊億・蘇軾は皆仏教信仰である。これも重盛諸公と同じく、その善い所を採ったと見える。白居易が翰林学士（皇帝の顧問兼秘書官）にあって天子を強諫《きょうかん》したこと、州郡の太守となってよく民を治めたこと。楊億・蘇軾はいずれも忠剛直亮の名臣である。彼らが仏教を信じたのは、人として守り行うべき道を離れて、坊主頭に麻衣を着て座禅をくんで悟りに至ることを信じたのではない。一概にそしってはならない。

世の学ぶ人が孔子の道を学ぶと言っても、章句（文章の一字一句の解釈だけにとらわれ、全体的な内容や精神を理解しない学問）詞芸《しげい》（詩文などのわざ）にのみちぢこまり、身心の工夫（修養）がない輩は、釈迦・達磨にたいそう笑われよう。

注一　『孟子』「離婁上篇」に「滄浪の水清《す》まば、以て我が纓《ひも》を濯ふべく、滄浪の水濁らば、以て我が足を濯ふべし」とある。何事も時勢のなり行きに任すべきを歌ったもの。世の中が治まっていれば出て仕え、乱れれば隠遁すべきことを言う。なお艮斎詩「墨水秋夕」（「艮斎詩略」）はこれを典拠とする。

一六　驕漫の心　【間話巻之上　二十三丁オ】

人はわずかばかりの成果に安んじて、驕漫の心が生じてはならない。身分不相応の願いは益がない。また、驕漫の心が起こるときは、事業（重要な仕事）は成りがたい。

斉の桓公は天下の諸侯を葵丘《ききゅう》（宋の町）に会合させて（注一）、覇業の盛りを極めた。この時桓公に驕漫の気があらわれたので、九ケ国の諸侯がそむいた。

魏の曹操は天子を擁して袁紹《えんしょう》（黄河北域に覇を唱う）を亡ぼし、荊州に入って劉琮《りゅうそう》を降した。曹操の勢いが強大だったとき、蜀の劉璋《りゅうしょう》は、張松《ちょうしょう》を使者として送って帰属しようと思った。しかし、曹操は驕漫の心が生じて張松を無礼に扱ったので、張松は怒って、主君（劉璋）に勧めて劉備玄徳を迎え入れた。これによって、天下三分の勢が成った。

長尾輝虎が上杉管領の職を受けて関東に入ったとき、その勢力は強大で、関八州の諸侯が皆帰順した。しかしながら、鎌倉八幡の社《やしろ》で成田長泰が拝伏した時、「頭が高い」として扇で打ったことから、諸侯はたちまち叛いた。輝虎は智勇がとびぬけてすぐれ、古今に並ぶ者がない名将である。もしこの時へりくだって、諸侯をいつくしんでいれば、必ず鹿を中原に争った（覇権を天下に争った）であろう。惜しい機会を失ったのである。古の英雄すら、驕漫の心があれば諸侯の支持を失う。ましてや今の人であればなおさらである。

注一　葵丘の会。周王の権力が衰えた春秋時代初期、斉の桓公は、宋・衛・鄭・魯・許・曹など中原の諸侯を葵丘に集めて会合させた。周王の代理も出席し、この会で桓公の覇者としての立場が確立した。

『史記』「斉太公世家」に「前六五一年夏、桓公が主宰して、諸侯を葵丘で会合させた。周の襄王は宰孔《さいこう》（太宰《たいさい》〈六卿の一なる天官冢宰。邦の六典を建て、王を佐けて邦国を治めることを掌る〉、周公旦の後裔）をつかわして、文王・武王（周王室の祖）を祭ったおりの肉（供物）と赤い弓矢と大路《たいろ》（大きな馬車）とを桓公に授け、王の使者たる宰孔を、座敷から下に降りて拝さなくともよいと命じた。桓公はそれ（周の襄王の命）に従おうとしたが、管仲が『いけません』と言ったので、そこで座敷から下に降りて拝礼し、授かり物を受けとった。秋、桓公はふたたび諸侯を葵丘に会合させた。桓公にはますます傲りたかぶった顔色が見うけられた」とある。

一七　人に語るべからず　【間話巻之上　二十四丁オ】

『戦国策』（「秦策」「秦五」）に逸詩（詩集に載せられずに散逸した詩）を引いて、「百里を行く者は、九十に半ばす」とある。およそ物事は、成るようであっても成りがたいものである。油断してはならない。かつまた、みだりに人に語ってはならない。事が成るというのは、自分の精神の気が行うものである。秋冬の間、天地の気が収まって外へ漏れないので、春になって万物が発生する。もし漏洩すれば、気は堅くなく、発生の功は薄い。人もみだりに漏らすときは、気が薄く、成就しがたい。『周易』（「繋辞上伝」）に「幾事《きじ》密ならざれば則ち害成る（機密に属する問題について言語を慎密にしなければ、妨害が成功する）」とある。後漢の竇武《とうぶ》・陳蕃《ちんはん》は忠義の士である。宦官を誅せんとしたが、機密を漏らしたので、かえって禍《わざわい》を受けた。

明智光秀は弑逆の大罪人だけれども、本能寺の事は腹心の三、四人の他は知る者がなかった。軍を出し、途中で「敵は本能寺にあり」と号令して、軍兵ははじめてその事を知った。このとき豊臣秀吉は中国地方にあり、毛利家と対陣していた。本能寺の変を聞いても、顔色がもとのままで驚かず、諸将にも告げなかった。毛利家から、安国寺恵瓊を通じて和議を求めてきたときに、はじめてその事を告げて、和睦か戦かの二事を決めさせた。これは格別に度量が大きい英雄だからで、よくたくわえしまって漏らさず、また一大事に当たっても驚かないのである。

※

物事は成る様にても成り難きものなり。油断すべからず。且つ妄《みだ》りに人に語るべからず。

【間話巻之上　二十四丁ウ】

一八　父子の恩

荊州の劉表（後漢の統制力が衰えた後に荊州に割拠した）は後妻の讒言を信じて、嫡子劉琦《りゅうき》を嫌い、次男劉琮《りゅうそう》を後継者に擁立しようとした。劉琦は憂えて孔明に相談した。孔明は言った。「中生《しんせい》（注一）は国内に留まったため危険にさらされ、重耳《ちょうじ》（注二）は国外に出て安全だった」（注三）劉琦はこの言に由って江夏《こうか》（湖北省東部）に別居した（江夏太守となった）。蔡虚斎《さいきょさい》（明の学者）は、「孔明が父子を別居させたのは、聖人至善の道に反する」と論ずるが、人の才徳には各々分量がある。舜のような者は、別居に至らない。劉琦の徳は聖人の域に至らないものなのだから、しいて同居させれば、きっと害に遭って、劉表は「子（劉琦）を殺した」という評判を受けただろう。孔明は、その時宜を考え才徳を量って、父子の恩を全うさせた。これが孔明の才智である。

注一 春秋、晋の太子。後継者争いに巻き込まれて自殺す。
注二 晋の文公。申生の弟。内紛を避けて十九年間国外にあり、帰って君主となり、天下の覇権を握る。
注三 『三国志』「蜀書」「諸葛亮伝」に「申生は内に在りて危ふく、重耳は外に在りて安し」とある。

一九 寛恕

【間話巻之上 二十五丁オ】

人は尭舜（聖天子）ではない。誰が善を尽くすことなどできようか。一家の中で、互いに心に適わないことがあっても、寛恕の重い倫理を全うするべきである。しかしながら、父子・兄弟・夫婦・姑婦の間に、心に適わないことがあると、互いに責めて家が治まらない。これはただ愛憎好悪の俗情に引かれ、道理を外にするからである。

父が慈（情け深く）、姑が順（穏やか）、兄が友（情愛があつく）で仲よくくらすことは、誰もができることで珍しくはない。道理に合わない父兄舅姑によく仕えるから、孝子・悌弟・良婦と言うのである。父兄が道理に合わないとして、互いに長短を争っては、人倫（人として守るべき道）にも五常（仁義礼智信）にも入らないのである。

宋の仁宗《じんそう》と母后とが少々不和の事があった。仁宗が怒って韓琦（注一）に語ったところ、彼は言った。「古の舜は、心の悪い父母に孝を尽くしたので、万世まで孝子と称せられるのです。舜だけが孝子で、天下の人は皆不孝ということもないでしょう。父母が慈愛の人であれば、その孝は知られないのです。無慈悲の父母によく誠を尽くして仕えることこそ、孝道なのです」仁宗は感じ悟って、母子の間は睦まじくなった。

注一　北宋の政治家。仁宗・英宗・神宗の三代に仕え、王安石の新法には反対した。

阪注　「道理に合わない父兄舅姑によく仕えるから、孝子・悌弟・良婦と言うのである」。なぜそこまでするのか。その解は次の話にある。また「五八　恩」、「九五　公欲」も参照。

二〇　親子の仲

【間話巻之上　二十六丁オ】

ある儒生（儒学をまなぶ人）が、常に礼義を守って、よく母に事《つか》えていた。もしや母の心に適わないこともあろうかと思い、外出と称してひそかに寝台の下に隠れて様子をうかがった。母が下女を呼ぶ声がした。

「今日せがれは遠方に外出したので、帰宅は遅いことだろう。せがれがあまりに礼義正しく堅苦しいので、私は心が安まらない。今日は茶を入れて、ゆるゆると楽しもう」と言った。儒生はとても驚き、

「私が平生礼義を守って母に事えるのは、孝道を尽くすためである。しかしながら、母の心が安まらないようでは、逆に不孝に陥る」とさとり、それから孝愛和順の道を尽くして事えたので、母子の仲ははなはだ睦まじかった。

『礼記』(「内則篇」)の父母に事える礼に「気を静め、声を和らげる」とある。また、「常に顔色を和らげてその意を受ける」とある。また『礼記』(「祭義篇」)に「父母を思って深く愛する人には、必ず和気があり、和気のある人には必ず楽しそうな表情があり、そうした人にはまた必ず柔和な態度が見える」、「威厳を保ち厳格な態度で接するのは、父母に仕え、これを祭るときの道ではない」とある。親子の仲は恩愛を主とし、大害がないことは、本心を曲げて従うべきである。

尹和靖《いんかせい》(北宋の儒学者)が母のために仏経を誦したことをそしる人がいるが、自分が仏を信じたのではない。母の心を悦ばすためなので、深く是非を論ずるには及ばないのである。

阪注　「親子の仲は恩愛を主とし、大害がないことは、本心を曲げて従うべきである。」が前話の解となるだろう。艮斎は細部に至るまで正義を貫こうとはしない。細かい所は寛恕をもって受け入れる。「二一　臆病稽古せよ」も参照。

二二　忠孝両全　【間話巻之上　二十六丁ウ】

人として守るべき道は五つ（注一）あるが、父子・君臣の道よりも重いものはない。君と父とに軽重はないけれども、君のためには、父母を顧みがたいことがある。よって、「忠孝、両全ならず（忠と孝の両方を全うする事はできない）」と言う。

私が考えるに、忠孝はもとより一つの理なので、両全（両方とも完全）なのである。かつまた、孝道は包むものがとても広い。曽子は言った。

「常々の起居を荘重にしないのは孝でなく、君に仕えて忠実でないのは孝でなく、官職に就いて言行を慎まないのは孝でなく、友交関係において信義を重んじないのは孝でなく、戦陣に臨んで勇敢でないのは孝でない」（『礼記』「祭義篇」）だから、孝は仁と徳を同じくし、天下の道を兼ねるものなのだ。

戦陣で死ぬのは忠であり、つまり孝である。これが忠孝両全だね。晋の周処（三国から西晋の武将）が戦いに赴いた時、「忠孝、両全ならず（注二）」と言って二つに分けたのは、誤りなのである。親のそばで終生付き添って世話をする願いであれば、仕官はしないだろう。すでに君に仕えた後は、忠義を尽くして、死生患難は顧みないものだ。父母の心にも、わが子が忠臣であるならば、喜ばないはずはない。孝は父母の心を悦ばせるのを第一とする。これが忠孝両全だね。

『春秋左氏伝』（襄公二十二年・前五五一年）に言う、楚の宰相子南《しなん》が罪があるので、楚王は彼を死刑にした。子南の子棄疾《きしつ》は王の宿衛の士である。王が子南を死刑にしたとき、その屍の引き取りを請うて葬り、「父を見棄てて仇敵に仕えることは、私には堪えられぬ」と、首をくくって死んだと。

唐の李懐光《りかいこう》は、謀反しようとした。その子李璀《りさい》が諫言したが用いなかった。李璀はそのことを書いて天子に奏し、自殺した。その父も死刑になった。

この類は忠孝が両全ではないようだけれども、その父は謀反したからには不忠の人である。その子の諫言に従ったならば安全だったのに、みずから禍を招いたのである。その子が父を諫めたのは孝であり、天子に奏したのは忠である。これも忠孝両全と言うべきである。

五代十国時代の後唐の荘宗の臣李従璟《りじゅうけい》は明宗の子である。明宗が兵を挙げたとき、従璟は父に従わず、君主に従って死んだ。欧陽脩は言った。

「忠孝は、自分の都合に従えば両害し（二つともそこない）、義に従えば両得する（二つとも全きを得る）。従環は荘宗に対して、従う所を知って、その死を得たのである」と称美した。

北条氏直の臣松田憲秀は謀反した。その子英春はひそかに主人へ訴えて父の助命を請うたが、叶わずにその父は死刑となった。反逆は天下の大罪であり、許しがたい者の助命を請うたのはおろかである。また、父が死刑となっても自殺せず、北条氏が滅んだ後、他へ仕えたのは不忠不孝と言うべきである。

後漢の趙苞《ちょうほう》（注三）（遼西太守）・五代の烏震《うしん》（注四）（唐の信都の人。河北道副招討使）は、その母が敵に囚われたときに、たとえしばらく敵に降って母を救ったとしても、国家の存亡には関係なかった。軽重をはかり、義をもって行うべきだが、その親を顧みずに見殺しにしたのは、大不孝であって忠ではない。よく時宜をはかり、義に従って行えば、忠孝両全なのだ。

注一　『孟子』「滕文公章句上篇」に「父子親《しん》有り、君臣義有り、夫婦別有り、長幼序有り、朋友信有らしむ（父子の間には親愛があり、君臣の間には礼儀があり、夫婦の間には区別があり、長幼の間には順序があり、朋友の間には信義がある）」とある。

注二　『晋書』巻五十八に「忠孝の道、安んぞ両全を得んや（忠と孝の道は、どうして両立できようか）」とある。

注三　『後漢書』巻八十一「趙苞伝」に「趙苞は任地に着き、母と妻子を呼び寄せた。いまにも到着するとき、鮮卑が一万の兵で侵入し、母と妻子が人質となった。趙苞は二万の兵を率いて鮮卑の軍と対峙した。鮮卑は趙苞の母を引き出して示した。趙苞は悲しんで、『昔は母の子でしたが、今や王の臣下です。私恩を顧みることはできません。忠節を破れば万死あるのみです』と泣き叫んだ。母が遠くから、『人には天命がある。私恩を顧みて忠義を欠いてはならぬ』と言った。そして趙苞は進軍し、賊をことごとく破った。母と妻子は殺された」とある。

注四　『旧五代史』巻五十九「烏震伝」に「烏震は、張文礼が王鎔（鎮州節度使）を弑したと聞き、主の仇を討とうと決意し、涙をぬぐって参戦した。張文礼は烏震の母妻と子女十人を捕らえて惑わしたが、烏震はひるまずに城を攻めた。張文礼は怒って、烏震の母らの切り取った鼻と切断した腕を塩漬けにし、膚から切り離さないまま軍門に棄てた。誰も正視できなかった。烏震は一たび大声で泣いたが、憤激して命のあらん限り力を尽くし、勇んで戦った。鎮州は平定し、その功によって烏震を深・趙二州の刺史（監察官）に任じた」とある。

阪注　ここでは君臣の義と父子の親の関係を論じている。忠とは社会規範として倫理観であり、孝とは心の規範として道徳律である。「忠ならんと欲すれば孝ならず。孝ならんと欲すれば忠ならず。重盛の進退ここにきわまれり」（『日本外史』巻之一　源氏前記　平氏）。この場合、忠と孝が矛盾するように思うのは、概念だけを突き合わせたからである。「後世、ただ読書だけを学問と言うようになり、朱子の注の上に種々の注釈を加え、章句をもっぱらこじつけて解釈し、枝葉末節を考究し、本源を養うことを知らなくなった」（「四二　自得」）。しかし学問は実学でなければならず、現実の行動の役に立たねばならない。だから文末にあるように「よく時宜をはか」れば、おのずから解も現れている。重盛も悩んだが、現実には忠を採っている。

倫理観と道徳律は本来矛盾しない。現実行動の際に矛盾するような場合には、倫理観が道徳律に優先する。後白河法皇に対する忠は、重盛だけでなく、社会全般のものだが、清盛に対する孝は、現実には子供たち数人のものだからである。この話のすべての例で、忠はほとんど問題なく成立していて、孝のあり方が考察されているのは、現実行動では、倫理観が優先するからである。倫理観は社会規範として、社会において具体的に現わされねばならない場合が多い。後白河法皇を攻め滅ぼして、忠の心からそうした、と言っても通用しない。反対に、心の規範としての道徳律は、現実にはどういう形でも取れる。文中「孝道は包むものがとても広い」はそういう意味に取りたい。清盛に反対した行動でも、賛成した行動でも、孝の心からそうしたと考えることができる。だから「父母の心にも、わが子が忠臣であるならば、喜ばないはずはない」となる。現実直視を重んじる艮斎の学風の面目躍如という話である。

二三　君臣 (1)

【間話巻之上　二十八丁オ】

宋の太宗のとき、わが国から奝然《ちょうねん》という僧が入唐し、太宗に謁見した。日本について聞かれたので、

「わが国は上古から今にいたるまで、百代一姓です」と答えた。太宗はたいそう感嘆して、
「わが国はわずか五十年の間に、梁唐晋漢周と五代姓を易え、天下の大乱がきわまったというのに、日本は尊い国よ」と称えた。

朱舜水が水戸に招聘されたとき、水戸家中のわずか一人の下僕を使う者であっても、その下僕が主人に対し礼義が厚いのを見て、
「日本には、君臣の礼義正しい気風がある。わが国にもしこのような忠義の気風があったならば、夷狄（異民族）に奪われなかったものを」と感心してうなった。清の梁玉縄『日本碎語』（正しくは汪鵬が著した見聞記。浙江の商人汪鵬は、一七六四年長崎に渡来し八三年長崎にて没した）に、「五倫の中、ただ君臣の義だけがもっとも厳格で、その他は見劣りがする」と言うのは長崎の気風のみであって、わが国の気風を知り尽くさないだけであるが、君臣の礼儀の正しさは称美している。

わが国の君臣の礼儀の正しさが、万国に秀でていることを知るべきだ。中国は領土が広大で、政教が達しにくく騒乱が起こりやすく、また戎狄と土地が接していて外寇が入りやすい。だから太古から帝王が代々姓を易えて、尭舜の禅譲・湯武《とうぶ》（殷の湯王と周の武王）の放伐（悪虐な君主を追い出したり、討伐したりする）から、今の韃靼（満州族が支配する清国）にいたるまで、幾姓幾代を易えるにいたる。これは、土地（地理的な条件）がそうさせるのである。

こういう理由で、天下は一人の天下ではなく、天下の人の天下なのである（注一）。帝王も天下の義主（義を行う人）と称する。その役目を果たさず、人民を塗炭（泥水や炭火の中）に落とせば、聖人が天道に従い人心に応じて、放伐の事が起こるのである。つまり聖人は、やむを得ない状況から現れる。けれども後世には、君恩の厚薄によって、臣下が仕えることに厚薄が生じ、主君のよしあしによって、臣下が仕えることに軽重があるようになった。これは、湯武の放伐の本意ではないようだ。

後世忠臣と称された晋の豫譲《よじょう》（戦国、晋の人。主君知伯の仇を討とうとしたが遂に果たせなかった）は言う。

「范氏と中行氏《ちゅうこう》（范氏・知氏・中行氏・趙氏・魏氏・韓氏を晋の六卿と言う）は普通の人として私を遇しました。だから私も普通の人として報いたのです。知伯（范氏に亡ぼさる）は国士として私を遇しました。だから私も国士として報いるのです」つまり君恩の厚薄によって、仕えることに厚薄が生じるのである。

わが国の気風においては、たとえ主人に非道に遇されても、忠義を尽くすことをこそ道とするのである。手近な例を挙げて論じる。武田勝頼の臣小宮山友晴は、忠直ゆえに勝頼を諫め、却って讒言のために罷免され、久しく流落した。君臣の義はすでに絶えていた。しかしながら、勝頼が危難が迫って天目山に赴いたと聞き、いそぎ田野《たの》（甲州市大和町田野・鳥居畑古戦場）に到り、勝頼の赦免を乞い、ついに戦死した。その忠烈は、豫譲をはるかに超越している。

賈誼は言う。

「豫譲は君にそむいて仇に仕え、行いは狗《いぬ》や彘《ぶた》のようであった」（『漢書』「賈誼伝」）

方正学（明初の儒学者）「豫譲論」に言う。

「段規（韓の人）は韓康（晋の卿）に仕え、任章《じんしょう》（魏の人）は魏献（晋の卿）に仕えたが、国士として彼らを待遇したとはいまだ聞かない。しかしながら、段規とか任章とかは、力を尽くしてその主に勧めて知伯の要求に従わせ、彼に土地を与えることでその志を驕らせ、その滅亡をはやめた。絺疵《ちし》は知伯に仕えたが、国士として彼を待遇したとはいまだ聞かない。けれども、絺疵は韓・魏の情をよく察して、知伯を諫めた。豫譲はかつて一言も主の心を悟らず、手をこまねいて傍観し、坐して成敗されるのを待った。国士が報いるとは、まさかそのようではあるまい」とある。これを見れば、賈誼・方正学とも、豫譲のことは不満と見える。

晏嬰《あんえい》は斉（春秋戦国）の英明な高官である。崔杼《さいちょ》（斉の高官。逆臣）が荘公を弑した時、晏嬰は言った。

「君主が国家のために死んだのなら、私も死のう。己の私欲や非道で死んだのならば、特別に寵愛された臣下の他は、死ぬには及ばない」として、君主の屍を自分の股《もも》に枕させて哭《こく》した（死者を悼んで声をあげて泣く礼）だけで、仇を返す心もなく、安閑として斉国に居た（『史記』「斉太公世家」）。すなわち、君主のよしあしによって、仕えることが同じではないのである。

　わが国の気風においては、たとえ君主が非道であっても、その禄を食んだ者は、危難に臨めば死力を尽くすものだね。手近な例を挙げて論じれば、北条高時が非道であったのは、荘公を超える。しかしながら、新田義貞が鎌倉を攻め滅ぼす時、安東聖秀・長崎高重・摂津道準・長崎円喜の徒は、勇を奮って力戦し、高時とともに死んだ者は六千八百余人である。盛んな忠義を感称せずにはいられない。晏嬰が君主を視ることが、越人《えつひと》が秦人《しんぴと》の太っているか瘠せているかを視るようであったこと（越の人は、遠く離れている秦の人の肥瘠を見ても何とも思わない。関係のない者は、何とも意に介しない）に比べれば、はるかに勝ると言えよう。

　衛の蘧伯玉《きょはくぎょく》（注二）は、孫林父が献公を放逐しようとしたとき、禍を避けてすみやかに近い関所から出奔した（『春秋左氏伝』襄公十四年・前五五九年）というが、疑わしい。**『経世鈔』に「これは記録者の誤りで事実ではない」と云う。**この類は皆、わが国よりも忠義の道が薄いことを示している。伯夷叔斉にわが国の忠義の風を見せたなら、わが腕を握りしめて感嘆することだろう。

　しかし、「君君たらずと雖も臣以て臣たらざるべからず、父父たらずと雖も子以て子たらざるべからず」（「孔安国『古文孝経』「序」）という言葉があるので、晏嬰の言のようなものばかりでもない。一概には論じがたい。かつまた、放伐のことは、中国の気風・土地の理勢と見える（地政学的な見方）。

必ずしも当方を是とし、他方を非とするものではない。土地気風人情が適うところに従うのがよい。

注一 『六韜』「文韜」「文師篇」に「天下は一人の天下に非ず、乃ち天下の天下なり」とある。
注二 高官。年五十にして四十九年の非を知り、賢大夫と称された。なお岡鹿門の関防印に「知四十九年非」がある。
注三 日中の比較文化論としても読み得る。

阪注 君恩の厚薄、君主の非道に対して臣下の仕え方にも厚薄が生じた場合がある。君臣の義が勤労と対価の関係だけだと、そういうことが生じる。君臣の義の本義は、物事の相互関係と、双方の心の相互関係が、共存する所に成立する。この議論は「五八 恩」に続く。

しかし江戸時代でも、家臣が主君と対立することはしばしば起こっている。例えば、寛永年間に起こった黒田騒動では、不行跡の主君忠之を重臣栗山大膳が幕府に訴えた。真相は色々に取り沙汰されているが、これは現代では公益通報（内部告発）である。

内部告発の場合、社内の同僚（朋友の信）や、可愛がってくれた先輩（長幼の序）、引き立ててくれた社長（君臣の義）を裏切ることになる。しかしそれらは小さな義であり、大義（社会の規範としての倫理＝公益）が優先する。なぜなら会社などの色々な組織や人間関係は社会を基盤として成立しているので、社会が混乱すると、個々の組織の存続も危うくなるからである。この関係は、家臣と藩主、藩主と幕府など、関係によって立場が逆転する。幕府の立場も絶対ではなく、天の命を実行している限りにおいて、その権威があるにすぎない。天の命＝五倫こそが最高の大義である。

またそれぞれの時代の倫理観も時代が変われば有用ではなくなる（「四五 聖人の道」）。すると多くの人の心が納得できる道徳律が社会に投影されて、新しい倫理観になる。「およそ人（民）を理（治）めるの要は、まず自分の心を理めることである。心は一身の主、百行の本である。……」（「一〇二 心を治める」）も参照されたい。

二三　赤沼の鴛鴦

【間話巻之上　三十丁ウ】

夫婦は人として守るべき道のおおもとであって、家が治まるか乱れるかは婦人によるのである。恩愛を厚くし礼義を正しくして、ともに老いにいたるべきなのだ。

奥州田村郡に赤沼村《あかぬま》（注一）がある。昔、この村に馬之丞という者がいた。鷹を放って狩りをするのを好んだ。ある日郊外に出たが、一羽の鳥も獲られず空しく帰った。赤沼という沼に、つがいの鴛鴦《えんおう》がいた。弓で射ると、その雄《おす》にあたった。

この夜馬之丞の夢に、美しい婦人が枕のところにきて、ひそやかに泣いていた。怪しんで問うと、婦人は、

「昨日赤沼で、罪のない、長年つれそった夫を殺された悲しみに堪えられず、まいりました。この思いにより、わが身も長くこの世にはいられませぬ」と言って、一首の歌をそなえて去った。

「日くるればさそひしものを赤沼のまこも隠れの独寝《ひとりね》ぞうき」

馬之丞は憐れにも不思議にも思ったが、一日経って箙《えびら》を見ると、鴛鴦の雌《めす》が腹をみずからクチバシで突きつらぬいて死んでいた。馬之丞はこれを見て感泣し、髪を切って僧となった。今も馬之丞の子孫は赤沼村にいるという。

近年、風早権中納言実秋《さねあき》卿が碑を立てて、そのことを記した。ちっぽけな羽鳥でも夫婦の情が厚く、殉死したのは、哀れなことである。人は万物の霊であるのに、あるいは妻の色が衰えたのを嫌って新婦を迎える人がいる。あるいは情夫をこしらえてかけおちする人もいる。これらは鴛鴦にもはるかに劣る。

亡父灌園（安藤親重）は、「このことは『古今著聞集』（巻二十「魚虫禽獣」）に見える」と言った（注二）。

また西明寺の『時頼廻国記』に、下野国安蘇郡安蘇沼の鴛鴦の歌がある。

「日くるればさそひしものをあそ沼のまこも隠れの独寝ぞうき」

この歌は赤沼鴛鴦の歌と同じで、「あか沼」が「あそ沼」に変わっただけである。よく考えれば、「不飽間《あかぬま》」でなければ歌にはなるまい。「あそ沼」では歌の情味がない。このことから、奥州の「赤沼」が実証となるのである。

注一 現、郡山市中田町赤沼。道のかたわらに「おしどりの碑」があり、碑の東南一帯の水田が赤沼の跡である。

注二 小泉八雲は明治三十七年、「KWAIDAN Stories and Studies of Strange Things」をアメリカのホートン・ミフリン・カンパニーから出版した。その二話目の「OSHIDORI」は、『古今著聞集』赤沼鴛鴦の英訳である。

二四　美女を還す

【間話巻之上　三十二丁オ】

唐の李光顔《りこうがん》は一代の名将である。陣中にあった時、人から美女を贈られたが、李光顔は、

「軍中の諸士が家族を離れて戦闘艱難の中にあって、われ一人が美女を愛し楽しむのは忍びない」

と言って受けなかった。

宋の岳飛となると、古今に傑出した名将である。呉玠《ごかい》（四川を金軍から防衛）が岳飛と交わりを結ぼうとして、美女を飾って贈ったが、岳飛は言った。

「天下が大変乱れ、主上はとても憂えている。大将が安楽にしている時であろうか」として受けなかった。

元の伯顔も一世の名将である。南宋を征するとき、兵部尚書呂師夔《りょしき》という者が迎え降り、宋の皇族の美女二人を盛んに飾って献じた。伯顔は怒って、

「私は天子の命を受けて軍を興し、罪を問うのだ。どうして女色によってわが志を変えようか」と言って美女を還した。

宋の司馬光が大康府の通判（州の政治を監督する官）だった時、まだ子がなかったので、夫人はそのために一妾を買った。司馬光はまったく気にかけなかった。夫人は私に遠慮があるのかしらと思い、ある日妾に命じ、

「私が外出するのを待って、汝は化粧して飾って書院に行き、公の気をひきなさい」と言った。妾はその言のようにした。司馬光は怪しんで、

「夫人が外出しているのに、汝はどうしてここに来たのか」と叱って、すみやかに去らせた。

王安石が知制誥《ちせいこう》（綸旨制誥の事を司る）だった時、夫人が美妾を買って進めた。王安石が会って事情を問うたので、妾は答えた。

「私の夫は廻米の船を失い、家財を売っても償うに足りず、やむを得ず私を売りました」王安石は

憐れに思い、夫人に問うた。
「いくらで買われたのか」
「九十万銭で買われました」と答えた。王安石はすみやかにその夫を呼んで、妾を還し、九十万銭を与えた。この類は、人が行いがたいことである。

阪注 「一八 父子の恩」からこの話まで、それぞれの主題とは別に、道理に合わない事例を取り上げているように読める。「二三 赤沼の鴛鴦」に起こったように、東日本大震災も、道理に合わないことだろう。それでも「人が行いがたいことである」が、道理に従って対処すべしとしている。「世の中の事はまじり乱れて、実に知りがたい……（しかし自分は）いまだ堂々たる豪気をなくしていない」（『艮斎詩略』二六八頁、明徳出版社）。

二五 天運

【間話巻之上 三十三丁オ】

昔、公卿の家には築地塀《ついじべい》があり、武士の家の囲いは板を用いた。これを切懸《きりかけ》（板塀。柱に横板を、よろい戸のように張りつけたもの）と言う。また、鰭板《はたいた》（家の中が見えぬように隠す板）というのは、柱を地に掘って立てたのである。源頼朝が日本総追捕使だった時、その居館は鰭板で囲んだ。その倹素を思うべきである。

藤原頼経将軍の時、北条泰時が執権だった。居館の鰭板が壊れたのをなおさなかった。将軍がある日泰時に問うた。

「居館の鰭板がひどく壊れている。どうして新たに築地塀に作らぬのか」泰時は謹んで答えた。「君恩浅からずと感じ入りますが、これをとりかえれば、下民を疲らせることになります。旧習によるのにこしたことはありません。もし泰時が天運がすでに絶えていれば、厳重な塀があっても滅亡します。天運がまだ尽きていなければ、鰭板がひどく壊れてしまっても恐れることはありません」これにて古人（泰時）が質素であったことがわかる。

かつまた泰時が天運が尽きたか尽きていないかによって興亡を定めたのは、呉起の「徳に在りて険に在らず（国の守りは徳であって険阻ではない）」と符合する。義を重んじ利を軽んじ、忠貞の道を尽くすことが、天運を永久にするための本である。泰時の父義時が没した時、遺領を諸弟に分かつに、己の取る所を少なくし諸弟には多く与えた。友愛の厚さは、後漢の薛包《せっぽう》と善を比べるほどで、その賢行は、北条政子も感涙を流した。

源頼家が蹴鞠《けまり》に耽るのを諌め、また父北条義時が兵を起こすのを諌めたことなど、忠孝の心の深さがわかる。また、三浦義村・伊賀光宗らが泰時を陥れようとくわだてたが、懐を開いて誠を示して憤怒の気をやわらげた。鎌倉の人心がどよめき騒ぐ中、北条時氏・時盛を六波羅につかわし、京都を守護した。このように、忠貞の心がとりわけ深い。

泰時は執権になって以来、政令を正し、仁政を施し、士民を撫愛した。稀代の賢人というべきである。泰時が平生このように心を用いたのは、天運が尽きないための工夫（修養）である。だから、その余慶遺烈は子孫に及び、陪臣にあって天下の権を執ることが八代に至ったのである。ただ承久の乱のことは、まことに、先儒が非難するのはもっともなことである。しかし、「当時この人がいなかったならば、天下の人民はどうなっていたことか」との『神皇正統記』の論は、物事の道理に通じている。

阪注 文中、天運という考えについては、次のように考えたい。天の命である五倫五常の道は努力目標というより、人間の本性として誰にも生まれつき備わっている。「仁義の理はみな心中にもとからあるものなので、親に向かえば孝愛の心が生じ、君主に向かえば忠敬の心が生じ、子弟に向かえば慈愛の心が生じる。これは天から与えられた本来の理で、外から強いて人為を加えたものではない。」（「六六　誠意慎独」）。これらはあたり前のことなのである。「四書五経に載せるものを通観したが、奇策もなく妙計もなく、まことに平常の事であるのは、誰もが知るところである。」（「六三　倹素（2）」）。したがってこれを行えば、自然に人の心に訴え、人は付いてくる。天運が去らない由縁である。「二七　天命を言わず」も同様に読みたい。

二六　天下の善は皆わが善

【間話巻之上　三十四丁オ】

人の善をねたみ人の悪を喜ぶ者は、私意（個人的で自分勝手な考え）が多く器量が狭い。それは才智優劣を競うことから起こる。「秦誓《しんせい》」（秦の穆公が作った誓。『書経』）に、「もし一介の臣が、一事に専心して他に技能がないがその心は温和な者がいたとして、もしその人が、他人が技能を持っていれば、あたかも自分が持っているように他人の技能を受け入れ、他人が才徳が優れて賢いことを心から好む」とある。

器量が広大で、天下の善は皆わが善と思ってその人を勧奨するので、人々は心力を尽くし、勇者は勇を尽くし、智者は智をあらわす。その功徳は、一人で才力を尽くす類ではない。秦の穆公は、そのような人を得ようと思ったのだから、明主と評するべきである。

唐の宰相房玄齢・杜如晦は、太宗を補佐して泰平を開いた賢人である。しかしながら、その伝を見れば、別に大功もなく才略もない。これが彼の賢い宰相たる所である。この二人は、心が公正で度量が広く、他人の才略功業は皆自分の才略功業と思い、極力支持して成就することを要とした。よって才能学問のある人を登用し、その器にしたがって職務を任せた。

だから、李靖・徐勣《じょせき》（唐建国の功臣）の戦功、魏徴・王珪《おうけい》・馬周（貞観の治の名臣）の諫争（君主の過失をいさめる）、尉遅《うっち》敬徳・秦叔宝・程知節（唐の軍人）の驍勇、陸徳明・孔頴達・虞世南（太宗が招いた学士）の学問というように、おのおのその才力を尽くして勲功があったのは、つまりは房玄齢・杜如晦の勲功である。だからとりたてて二人の伝の中にその事業が無いという道理である。『東坡書伝』に「秦誓のその人（一介の臣）は、唐の房玄齢・杜如晦のような人」と言う。

「秦誓」にまた言う。

「他人が技能を持っているのは、これをねたんで中傷し、他人が才徳が優れて賢いのは、これにそむいて志を遂げさせせない」これは小人、器量が狭小な人であって、己の才を誇り、功業をどれもこれも己から出そうとするから、他人の善をねたんで、その功を支えたり成就させたりはしない。ただ一人の私意から天下の害が生ずる。不忠がはなはだしい。『東坡書伝』に「唐の李林甫《りりんぽ》のような人」と言う。高位の人（決定権のある人）は、この正邪善悪の所を心得るべきである。

＊

人の善を嫉み人の悪を喜ぶ者は、私意多く器量狭く、才智優劣を競ふより起これり。

二七　天命を言わず　【間話巻之上　三十五丁ウ】

唐の李泌《りひつ》（名宰相。対吐蕃《とばん》政策で提言）は才智抜群で、張良に肩を比するほどである。徳宗皇帝（唐、第九代）と建中の乱（七八三年、涇原《けいげん》〈甘粛省〉の兵乱。徳宗は奉天に逃れた）について語り、「盧杞《ろき》（唐の徳宗の時の宰相）がよこしまな小人だから、この乱を招いたのです」と言った。徳宗は、「乱は天命であって、盧杞が招いたものではない」と言った。李泌は答えた。「天命は天下の人が言うことで、天子と宰相とは、天命を言ってはなりませぬ。もし天命を言ったならば、礼楽刑政を用いる所がなくなります」これはまことに確言である。(注一)

天下の治乱は天命もあるけれども、人事を尽くしたときは、乱れそうであっても治まるのである。天子と宰相は、天地を助け万民を協和させるという大任があるので、天命に任せてはならない。

穆王のような驕奢の君主が出れば、天下は乱れてしまう。宣王のような勤倹の君主が起これば、天下は治まる。同じ周の天下であっても、君主によって治乱は分かれるのである。真宗《しんそう》のような奢侈の君主が出れば、国中疲弊する。仁宗のような恭倹の君主が出れば、天下は平和である。同じ宋の天下であっても、国勢は異なる。囲碁で下手な人が打ち損じて、敗勢がすでにあらわれていても、上手な人が代わって打てば、たちまち勝着（勝ちの決め手となった石の置き方）が生じるのと同じである。だから、君主の賢不賢によって治乱が異なるので、天命と言ってはならない。士民であっても、身の吉凶禍福は、容易に天命とは言いがたい。人事を尽くした上で、天命というべきだ。多くはみずから禍を招いたことであって、それを天命と言ってはならない。

かつまた、長寿夭折や貧富禍福は、生まれた時から一定の理もあるだろうけれども、聖人であっても、何年何月に死ぬということは見通しがたい。貧賤富貴も、時勢によっておおよそは見通せるといっても、確定することはできない。太公望が八十二歳になってにわかに帝王の師となり、牧野《ぼくや》の戦い（周の武王が殷を滅ぼす）の大将になろうとは、見通しがたい。

『礼記』に「文王は九十七歳で死ぬことを知り（「文王世子篇」）、孔子は夢によって死ぬことを知った（「檀弓上篇」）」と載せるが、これは後人の杜撰な記述であると先儒も論じている。晋の郭璞《かくはく》（博学で詩賦をよくし天文卜筮の術に長ず）が、「私は今日日中に死ぬであろう（注二）」と知ったのは、奇異の妖術か、または王敦《おうとん》の様子から察したのか、ともあれ正道ではないことである。だから天命は、容易に言うべきものではない。

善を行い悪を戒めて人道を尽くしたならば、天命に適って福を得る。たとえ禍に遭ったとしても少しも驚かず、自分の心身を切磋する薬石と思うべきである。人間万事塞翁が馬なので、後の福となるかもしれない。

尼子《あまこ》の勇士山中鹿之助（幸盛。尼子義久に仕え、伯耆尾高城を攻め落し勇名をはせた）は、神仏に祈って「七難八苦に遇いたい」と願った（注三）。人が怪しんで問うと、「苦難にあわなければ、平時の心がけは知りがたい」と言った。人はただ人事を尽くすことを要とする。知りがたい天命に任せてはならない。

注一　この徳宗と李泌の問答は『資治通鑑』巻二二三に載る。

注二　『晋書』巻七二に「王敦は反乱をくわだて、郭璞に占わせた。郭璞は、『成就せず』と言った。王敦はもとより郭璞が温嶠・庾亮と親しいのを疑っていた。（中略）王敦は激怒して、『お前の寿命は何歳か』と言った。郭璞は、『命は今日日中に尽きるでしょう』と言った。王敦は怒って郭璞を取りおさえ、南の丘に行って彼を斬った」とある。

注三　鹿之助は尼子家再興のために「願わくば、我に七難八苦を与えたまえ」と三日月に祈ったという。第四期国定国語教科書「小学国語読本」に、「三日月の影」の題で載る。

二八　人間一生五十年

【間話巻之上　三十七丁オ】

織田信長は、桶狭間で今川義元（注一）と大戦の前夜、諸将を集めて酒宴を開き、みずから扇を開いて「人間一生五十年、生ずれば滅あり（注二）」と歌い舞った。『太閤記』には、この戦は前から勝利するのが明白だと見通していたので、信長公は恐れなかったように書いてあるけれども、そのようなことではない。百里を行く者は九十里をなかばとする。ましてや今川は五万の大軍で、ことに義元は名高い猛将である。信長公の兵はわずか四千に過ぎない寡兵である。信長公が智勇があって、勝敗の大体は察したといっても、必勝ということは予測しがたかったはずだ。

『礼記』（「礼運篇」）に「君社稷に死す、之を義と謂ふ（国に災があって君主が国の祀廟を守って死ぬのを、義と言う）」とある。『春秋公羊伝』（「襄公六年」）に「国滅し、君之に死するは、正なり（国が滅んでその君主が死ぬのは正しい）」とある（注三）。信長は戦国騒乱の世に出て、国が小さく兵が少なかったが、降人となって人の下に屈するより、いさぎよく大義のために死んで、名は百代を照らそうと思った。その心から、「人間一生五十年、生ずれば滅あり」と歌った。これは一字一涙、楚王（項羽）の垓下《がいか》の歌（力山を抜き気世を蓋ふ　時利あらず騅《すい》逝かず　騅の逝かざるは奈何《いかん》とすべきも　虞《ぐ》や虞や若《なんじ》を奈何せん）と同じく哀れである。

このように、信長は英武の君主だから、死地に入って生を得、天運を開いた。小田原の北条氏政はこの理に通じなかったので、武勇の気が薄く、敵を迎えて一戦に雌雄を決することができなかった。はじめから籠城して、ついには降人となり、滅亡し、笑を後世に残した。

この時、北条氏規が計略を勧めたが用いなかった。氏規は韮山の城主で、堅固に守り、織田信雄《のぶかつ》を撃ち破り、最後まで落城しなかった。名将と評すべきである。私は先年伊豆に遊んだ時、韮山に行った。山城に堀の跡が残り、葦や荻が茂る山上は古木が鬱蒼としていた。天正の旧事を思い、名将の遺跡に感じ、久しく慨然とした。

注一 艮斎は、義元の父の今川氏親墓碑（嘉永四年建立・増善寺）を撰文した。また、艮斎の父の安藤親重墓碑（郡山市赤木町神山《しんざん》霊園・艮斎撰文）は、義元の十世孫今川義用《よしもち》（高家）が揮毫した。

注二 『敦盛』（幸若舞）に「人間五十年、化天《けてん》のうちを比ぶれば、夢幻の如くなり。一度生を享け、滅せぬもののあるべきか」という。

注三 『礼記』と『春秋公羊伝』の語は、漢代の集権国家の君主観にもとづくものである。

二九　平家の滅亡

【間話巻之上　三十八丁オ】

韮山の、北条氏の古城（北条早雲の本拠、韮山城）から北、白田《はくでん》（水のない田）の中に小高い所があり、草木が生えている。これを蛭《ひる》ヶ小島と言う。源頼朝配流の地である。島といえば海にあるものと思っていたが、まったく違っていた。そこから十町ばかり（一キロメートル）に狩野《かの》川が流れる。その近くに北条・中条・南条という三つの村がある。北条は時政が出た所で、今も居宅の跡がある。

『伊豆志』に言う。

「狩野川は狩野郷から出る。昔は南条を過ぎ、東の山ぎわ近くを流れた。また、大見《おおみ》郷から流れ出たのを大見川と言う。立野《たちの》村で二川が合流する。ここから下流を江川と言う。鎌倉将軍の末に掘りかえた。邦人は、およそ川が抱いている所を島と言う。蛭ヶ小島も二川の間にあったので、島と称する」とある。

またある人が言う。

「伊豆は木蛭《やまひる》が多い所です。人の声を聞くと、木の上から次々とむらがり集まってきて、かみます。その鋭いくちばしは錐のようで、おびただしい血が流れ出ます。恐ろしい毒虫です。この蛭ヶ小島にはことに蛭が多いので、そう名づけたのです。昔、平清盛は頼朝をここに配流して、木蛭の害毒に罹らせようとしたと聞きます」あるいはそうかもしれぬ。

清盛が頼朝を殺さずに配流し、後に平家の滅亡を招いたというのは、大きな誤りである。豊臣秀吉は、「平重盛がこれを諫めなかったのは不見識である」とそしった。このことは後巻に詳しく記す。しかしながら、これは、楚の項羽が劉邦を殺さず、魏の曹操が劉備玄徳を殺さず、秦の符堅《ふけん》（五胡十六国の前秦の第三代君主）が慕容垂《ぼようすい》（五胡十六国の後燕の創建者）を殺さず、唐の玄宗が安禄山を殺さなかったのと同じで、重盛は君主の度量があったとも言える。

たとえ頼朝兄弟三人を殺したとしても、清盛が無道でその一族が驕侈では、源義仲のような人も出てくる。またさらに頼朝同様の優れた人物があらわれるのだ。平家は滅亡せざるを得なかった。もしも清盛とその子孫が恭倹の道を守り、仁政をほどこし、士民を撫愛していたならば、百人の頼朝がいたとしても、兵を起こして志を得ることはできない。

その本を治めずに、ただ優れた人物を多く殺すのは、君主の度量ではない。重盛が長寿を保って天下を治めたならば、平家もあのような滅亡にはいたらなかっただろう。

昔、周の武王は殷の紂王《ちゅうおう》をほろぼし、紂王の子の武庚を立てて諸侯とした。武王が没してから武庚が乱を起こしたことは、清盛が頼朝を助けたことと似ている。武王は、殷の祭祀が絶えるに忍びないという仁心から、武庚を封《ほう》じた。それは仁君のことであって、強いて論じるまでもない。

しかし豊臣秀吉はこれについても、

「武王（文王の長男、周を建てた）の大きな過ちである。武庚を殺さなかったので、彼は管叔《かんしゅく》（文王の三男）・蔡叔《さいしゅく》（文王の五男）を煽動して大乱を起こし、流言を放って成王（武王の子）・周公（文王の四男）を疑い、天下が騒動し、周室は乱れようとしていた。周公はやむを得ず兵を起こし、兄の管叔を殺してしまった。その乱の根本は武王から起こった」と言う。武王を責められようか。

※

もし清盛及び子孫のもの恭倹の道を守り仁政を施し士民を撫愛せば、百頼朝ありても兵を起こし志を得るあたはず。

艮斎間話　巻之下

東奥　安積　信

三〇　文は泰平を開く

【間話巻之下　一丁オ】

武は騒乱をはらい、文は泰平を開く。文武を並び用いるのは、古今の通法である。漢の高祖と唐の太宗とを比較すれば、高祖は天性の資質が高く度量が大きく、優れた人物を思いのままに使う術を持っていた。ただ学問が無い人なので、権謀術数を使い、制度は武断で、荒々しい所が多かった。太宗は天性の資質や度量が高祖に及ばないところがあるが、学問があったので、貞観の政は泰平至治（天下泰平で、きわめてよく治まること）の風があった。

源頼朝は、雄略と大きな度量は高祖を彷彿する。しかし彼も学問が無かった。その臣は、勇武智略が人よりも超えた畠山重忠・和田義盛・千葉常胤のような者が多くいたので、戦を指揮して東西を征討した。けれども、天下の大計を立て、兵馬の権を握り、六十州を鎮圧するとなると、大江広元（注一）である。この人は学問に通じ、古今の成敗（裁判）の跡に熟達していたので、鎌倉の制度刑罰はすべて彼の策略から出たものである。頼朝はよく人を知って用いたと言えよう。かつまた頼朝が官位を落として辺地へ追放された身にあって、大志を起こして義兵を挙げたのは、文覚上人の翼賛によるものである。僧は儒者の道とは異なるが、議論が高明、志気が雄壮で、武人俗吏の上に出ることがある。中国においても、明の永楽帝が燕に起こった時、機密のはかりごとをめぐらして大功を立てたのは、僧の道衍である。

儒者や僧は、世俗のことに疎い者だが、経書や史籍を読み、天地陰陽の理・治乱興廃の跡には明るい者なので、天下を運営する大法則については、武人俗吏が及ばないことがある。もっとも、その人に由ることである。北条泰時も学問を好み、つねに儒者を招いて正しいすじみちを講究し、名僧を招いて談論したので、泰時のしたことは温恭中正で、迫切ならず（悠揚迫らなかった）（注二）。政事を正しくして、人心が帰服したのは、学問の力に由るのである。馬上で天下は取るとはいえ、馬上では天下は治めがたい。お世つぎの君は、ことに学問は好むべきだ。

注一 もとは朝廷の実務官人で、頼朝に招かれ草創期の幕府を支えた。政所別当として守護地頭制の整備に関わり、朝廷幕府間の交渉で手腕をふるった。頼家・実朝を支え、北条と協調を図り武家政権の確立に貢献した。

注二 『論語集注』「学而篇」に「聖人の辞（言葉遣い）は迫切ならず」とある。

三一　聖賢の風流

後世は文雅風流を学問と心得て、詩文を作って風雲花月を吟詠し、または琴棋書画を愛することを風流と思い、書物を読んで古今に通じても、学問をただ玩具となし、心身の工夫（修養）を深く用いない。だから、花をいけるのも、碁を囲むのも、茶の湯も、読書学問も、同じく技芸のわざとなり、その本意を失ってしまう。

聖賢君子の人にも風流ということはあるが、世のいわゆる風流とは天地の別がある。聖賢の風流というものは、富貴貧賤に心をわずらわさず、胸中洒然《しゃぜん》（心がさっぱりしてわだかまりがない）として、寛大従容にしてものごとにこだわらない。

『中庸』に「富貴の順境にあっては、富貴にふさわしく道を行い、貧賤の逆境にあっては、貧賤にも卑屈にならずに道を行い、困難な立場にあっては、困難に耐えながら道を行い、いかなる境遇のもとでも、自分の体験によって理解して道を行うのである（注一）」と言う。

孔子は「粗末な飯をたべて水を飲み、うでをまげてそれを枕とする。楽しみはやはりそこにも自然にあるものだ（注二）」と言う。水を飲み、ひじをまげて枕とすることも、道義の楽しみはその中にあって、貧賤に心をわずらわされないのが真の風流である。

周敦頤の画幅　安積艮斎賛　安藤智重蔵

顔回は「一箪の食《し》、一瓢の飲《いん》（竹のわりご一杯のめしとひさごのお椀一杯の飲みもの）」（『論語』「雍也篇」）のくらしでも、その楽しみを改めなかった。これも真の風流である。

舜帝が歴山《れきざん》（山東省歴城県の南）の民としてくらしていたときは、木石と居り鹿と遊んで、そのまま一生を終えようとし、すこしも貧賤に心をわずらわされなかった。天子の位を継いでからは、立派な礼服をまとい、琴を弾き、もとからその位にいるようだった。富貴に心を置かないのは、風流の極みと言えよう。大禹（夏王朝の開祖。舜に推されて王となる）が、天下を保ってからも奢侈の心を持たず、飲食を切りつめ、宮殿を卑小にしたのも、風流の極みと言えよう。

黄庭堅（北宋の詩人・書家）は周敦頤《しゅうとんい》（北宋の儒学者、宋学の開祖）を称賛した。

「その人品ははなはだ高く、胸懐は光風霽月《こうふうせいげつ》（さわやかな風やさえわたった月）のように洒落《しゃらく》（さっぱりして心にわだかまりがない）である」と言った。朱子は、「このことばは、よく有徳者の気性を形容した」と賛美した。「胸懐洒落、光風霽月」のような、これほどの風流は、ありそうにない。

聖賢は平生このように風流であるから、天下の大事に臨み、天下の大難に当たっても、すこしも驚かず、ゆったりと落ち着いて応じる。これは胸中に余地があるからだ。

諸葛孔明が軍中にあって、羽の扇に葛の布の頭巾で軍隊を指揮するのを見て、司馬仲達は、「名士なり」と称賛した。これも孔明が風流で胸中に余地があることを感じたのである。古今の名将に、このたぐいは多い。

およそ花月を吟詠し山水に遊賞することは、心を養い塵俗を忘れ、胸中に余地を持って、天下の事物に応ずるためである。そういう風流であれば、山水花竹、詩歌管絃のたぐいは皆、自分の心身を養い政事のたすけとなるので、何の害もない。しかし、今の人は風流の本意を失って、ただ書画を愛し山水花月にふけり、学問も、詩文を作って遊興のたすけにしようとのみ思っている。それゆえ世間の雑事を廃し財貨を費やし、くらしの中の倫理の緊要のことは、俗物俗事と称していやがり、後には天下無用の人物となってしまう。これは大きな心得違いである。

幽人隠士で世を捨てて世間に関心が無い者は、その心に適えばそれでよい。官職のある人は、これと同じではない。読書するのも山水花月を愛するのも、本意を失わないように心得るべきである。

注一　「富貴に素《そ》しては、富貴に行ひ、貧賤に素しては、貧賤に行ひ、患難に素しては、患難に行ひ、入るとして自得せざること無し」なお佐藤一斎も『言志耋録』一三六条（嘉永六年刊）に「入るとして自得せざること無し」を引く。

注二　「疏食《そし》を飯《くら》ひ水を飲み、肱《ひじ》を曲げて之を枕とす。楽しみ亦た其の中《うち》に在り」（『論語』「述而篇」）

阪注　風流が政事の助けになることは艮斎では一貫している。詩文も同じである。「国のために尽くす人は元来感知を重んじ、清らかな詩文を見るたびに愁いをとく」（『艮斎詩略』二六五頁）。「二〇六　わが胸臆より発出すべし」では知識としての有用性も説く。

三二　中正の道　【間話巻之下　四丁オ】

古人の事が、大中至正（一方にかたよらないできわめて公正であること）ではなくとも、自分の用い方で大中至正となる。一方にかたよれば、大中至正の道も、子莫《しばく》（魯の賢人）の「中ほどを執る（注二）」に類して、大きな害を生む。

伯夷は潔白な性質で、「悪人が仕えている朝廷には仕えないし、悪人とものも言わなかった。そういうことを、朝廷に出仕するときの礼服・礼冠をつけたまま泥や炭のなかに坐るように、穢らわしく思った」（『孟子』「公孫丑章句上篇」）とある。

柳下恵《りゅうかけい》は伯夷と相反し、「不徳の君でも平気で仕えるし、つまらぬ役職でも恥じたりはしない」「主君に見棄てられても怨まず、困っても少しも苦にしなかった。だから彼は言った。『ひとはひと、私は私だ、たとえ私の前でひとが肩脱ぎになろうと、まるはだかになろうと、私はそのためにけがされはせぬ』」（「公孫丑章句上篇」）とある。

二人とも賢人であるが、一方にかたよっているので、孟子は、「伯夷は心が狭すぎるし、柳下恵は慎みが足りない。心が狭すぎるのも慎みが足りないのも、どちらも一方にかたよっており、君子は従わない」（「公孫丑章句上篇」）と言う。けれども、これも自分の学びようである。

もしも不義の手段で得た金銭に臨み、不義の手段で富貴を得たときは、伯夷のように潔白にして、すこしも身を汚さないようにすれば、それは廉潔の行いであって中正の道に適うのである。君主に仕える者は、小禄の身であっても上を怨まず、困窮しても道を守って憂えず、その分に安んじ不相応の願望を持たない。同僚に交わるにも、方正の人ばかりではないので、ほどよく交わり、「和して流《りゅう》せず（注二）」（『中庸』）のように行えば、これも中正の道に適うのである。時に応じてよろしきに従うならば、伯夷や柳下恵の行いに由って、何の害があろうか。

孔子が「集大成」と言われるのは、古人がしたことと何も変わっていないということだ。孔子は、よく時に従って、伯夷の行いでよいときはそれを行い、柳下恵の行いでよいときはそれを行い、伊尹《いいん》（夏末殷初の政治家）の行いでよいときはそれを行う。一偏に拘《かか》わらず、諸賢人の行いが皆一身にあって、かたよることがない。だから「集大成の聖人」と言い、また「聖の時なる者（注三）」と言うのである。およそこの考えで古人に学べば、一人として自分の師とならない人はいない。

子夏の「よい人と交際してよくない人はことわる（注四）」というのは、初学の心得にすべきである。子張の「すぐれた人を尊びながら一般の人々をも包容し、善い人をほめながら駄目な人にも同情する（注五）」は、徳業が進んだ者の心得にすべきである。

老荘の学のようなものも、天下騒乱の後であれば用いる。人民を休養させることが肝要なので、漢の文帝は恬淡虚無の道で天下を泰平に治めた。ほぼ刑罰を措いて用いない（罪人がいない）状態になったのは、よく老荘を用いて、中正の道に適ったということだ。もしも漢の高祖のときに、文帝の治の方法では、天下の乱はいつまでも定まらない。どの道においても、心の用いようで自分の益になる。これを点鉄化金（鉄に手を加えて金に変える）の法と言うのである。

注一　『孟子』「尽心章句上篇」に「子莫は中ほどを執る中道主義である。しかし中道ということだけにとらわれて臨機応変のはからいがなかったら、一つの立場だけを固執して、中庸の道をそこねてしまう」とある。

注二　心広く穏やかでよく人々と和合し、自分の守りを失って人々の意見に押し流されることがない。

注三　『孟子』「万章章句下篇」に「孟子曰く、伯夷は聖の清なる者なり、伊尹は聖の任なる者（責任感の強い人）なり、柳下恵は聖の和なる者なり、孔子は聖の時なる者（一方にかたよらず時の宜しきに従って正しく行動した人）なり。孔子は之を集めて大成せりと謂ふべし」とある。

注四　「可なる者は之に与《くみ》し、其の不可なる者は之を距ぐ」（『論語』「子張篇」）

注五　「賢を尊びて衆を容れ、善を嘉《よみ》して不能を矜《あわ》れむ」（『論語』「子張篇」）

三三　誠（1）　【間話巻之下　五丁ウ】

『中庸』は、誠の徳を重んじる。荀子も「心を養ふには、誠より善きは莫し（精神修養には誠によるのが最上である）」（『荀子』「不苟篇」）と言う。司馬光も「誠にこそ心を尽くし、己を行（行為）の要」とする。誠は、真実にしてうそいつわりがないことを言うのだ。

琴瑟鐘鼓は心を持たないが、怒って奏でれば憤激の音を発し、悲しんで奏でれば惨戚の音が生じる。心を持たない物でも、至誠に感じて心を動かすのである。

『周易』「中孚《ちゅうふ》（心中に孚誠〈まこと〉ありとの意）」の卦に「豚魚《とんぎょ》（ふぐ）にして吉なり。大川を渉るに利《よ》ろし」と言う。至誠の徳に、ふぐのような無知なものも感じるのである。

およそ天下のことは、智力が及ばないことがある。智力だけを頼みにするときは、予想外の憂いがある。誠を主とするときは、天地鬼神も擁護し、人心も服従するのである。孟子が王道と覇道とを峻別したのも、その主意は誠と不誠との別である。

秦の始皇帝のような雄才の主は、天下は智力にて籠絡できると思い、制度法令の立て方は、禍乱が起こらないように精密を尽くした。けれども、二代で滅びたのは、誠の道を知らなかったからである。聖人は智力が頼みにならないことを知り、誠を推し仁を施し、天下の心を服させるので、自然と、反逆するに忍びないとなる。

諸葛孔明が蜀を治めたとき、李平・廖立《りょうりつ》をしりぞけたが、孔明の死を聞いて二人はともに涙を流し、病に罹って死んだ。これは、孔明の誠に人が感じて心を動かしたのである。

郭子儀（唐朝に仕えた軍人）はウイグル族と戦うとき、単騎で敵陣に入って利害を説いた。ウイグル族はたいそう感服し、とりかこんだ兵を引かせた。郭子儀の誠に人が感じて心を動かしたのである。

菅原道真が訴えをきいて裁いたとき、その言を言い終わらないうちに、二人は慚愧の念を感じ、道真を見るのも恐れ多いとして自殺した。これは道真の誠に人が感じて心を動かしたのである。

近い時代に、ある代官が支配下の扱いを仕損じ、百姓が大勢つめかけて強訴に及んだ。どのようになだめても聞き入れない。もはや打つ手がなく、切腹しようと思い、その用意をした。自分が平生読む書籍の端を見たが、今の事に益がないのは口惜しいと思い、机上にある『論語』を開き見た。「之を知るを之を知ると為し、知らざるを知らずと為す（知ったことは知ったこととし、知らないことは知らないこととする）」（「為政篇」）の言に至り、手を拍って歎賞した。

それから表に出て、大勢の中から年老いた百姓二人を招き、「どのように処置したらよいか」とねんごろに問うたので、その真実（まこと）に感じて、群衆の本音を述べ、「このようになされよ」と教えた。それで、その言のようにすると、難なく静まった。これも誠に人が感じて心を動かしたのである。

注一　『孟子』「離婁章句上篇」の「至誠にして動かざる者は未だ之れ有らざるなり」に通ずる。井上哲次郎『日本朱子学派之哲学』に「誠意の重んずべきを論じ」とある。

阪注　文中「大勢の中から年老いた百姓二人を招き……」は、長幼の序の効用である。これについては、「九七　古礼を失わず」で、老人が若者を叱ったのも同様に読める。

誠を主とする時は天地鬼神も擁護し、人心も服従するなり。

※

【間話巻之下　七丁オ】

三四　誠（2）

司馬光は言った。

「徳の高い人は才智を身につけて善を行う。徳のない人は才智を身につけて悪を行う（注一）」

才智は万事を処置する巧みなはたらきである。けれども、道理によって磨かなければ、わが私意から起こり、才智をもてあそび、種々の巧妙なはかりごとを変幻自在に行い、ついに身を亡ぼすにいたる。相撲取りが自分の力で逆に倒れるのと同じである。それは才を頼んで悪を行うからである。

劉向《りゅうきょう》（前漢）『説苑』（「談叢」）に「巧詐《こうさ》は拙誠に如かず（たくみな偽りは愚直な誠実に及ばない）」と言う。人は真実（まこと）を本とし、人をあざむく無理なはかりごとをしない。これは拙いようだが、完全な策である。生まれ持った才智には限りがある。ことに人欲私意を持っているので、自分の都合のよい方へ理を付けて、道理には暗いものである。

孟子は、盆成括《ぼんせいかつ》はきっと殺されるだろうと見通していて、「小才は利くが、まだ君子の大道であるか仁義を学んではいない」（『孟子』「尽心章句下篇」）と評した。道義を学び才智を磨錬すれば、心が清くなり、賢明になり広くなって、さまざまな変化に対応できるようになる。
昔の聖賢の書物を読んだ成果は薄いが、才智がすぐれて事の変化に通じた人がいる。それは、品性が高く、艱難辛苦をたびたび経験して才智を磨錬したからである（注二）。このところも学問である。学問はただ読書するばかりではない。実地に力を用いることが大事である。

注一　「君子は才を挟《さしはさ》みて以て善を為す。小人は才を挟みて以て悪を為す」（『資治通鑑』巻第一）
注二　事上磨錬のこと。実際の事に当たって精神の修養を行い、意思の鍛錬を試みること。王陽明『伝習録』下。

三五　天下を休養させる

【間話巻之下　七丁ウ】

古の英雄は志気が英明果断で、閑居静養を楽しまなかった。天下に異変があって、その才力を発揮することを喜んだ。秦の始皇帝、唐の太宗、わが国の豊臣秀吉などがそれである。天下の大乱のときに生まれ、破竹の勢いで百戦百勝して天下を取った。天下がすっかり治まっても、奥深い所に居て高く手をくみ、礼義によって天下を休養させることができなかった。つねに腕を組み締めて勇みたち、兵を用いることを喜んだ。
馮婦《ふうふ》（春秋、晋の人）という、虎を手捕りにできる者がいた。礼義を守ろうと思ったが、彼が好むことだったので、人々が虎を追いつめているのを見て、腕をまくり上げて車からおり立った。（『孟子』「尽心章句下篇」）これが英雄の気質、また英雄の癖である。

秦の始皇帝は、六国を平らげた後は、天下を安養させるべきであったが、万里の長城を築き、戎狄を征伐し、天下の人民を苦しめたから、二世で亡びた。唐の太宗は十八歳で兵を起こし、百戦して隋の乱を平らげ、天下は次第に治まったが、さらに高麗を征伐し、数十万の兵を酷使し、ついに功なく、ひどく後悔した。

豊臣秀吉は匹夫から起こって、あたかも雷電（雷といなづま）のように天下を討伐平定し、戦えば勝ち、攻めれば取り、ついに関白の貴きにいたった。このときにいたり、天下を安養させて、子孫の計を成すべきであった。けれども、明国を取ろうとして朝鮮に乱入し、天下の兵を酷使した。

彼らは皆、志気が英明果断で、安らかに居ることができなかった。また、酒色宴遊にばかりふけることもできなかった。これは英雄の癖である。

『易経』の「（乾卦）文言伝」に「進退存亡の道理を知って、その正しさを失わない者は、ただただ聖人だけであろうか（注一）」とある。彼ら諸英雄は、進を知って退を知らず、存を知って亡を知らず、亢龍《こうりょう》の悔（注二）を生む者なのである。

注一　「進退存亡を知りて、其の正を失はざる者は、其れ唯だ聖人か」

注二　『易経』「乾」に「亢龍悔有りとは、盈《み》つれば久しかるべからざるなり（盈つればやがてはかける道理で、長くはその状態を保ち得ないからである）」とある。亢龍は、高く昇りつめた龍。

三六　朝鮮征討　【閒話巻之下　九丁オ】

豊臣秀吉は、広大な度量と並はずれた才智の、古今に稀な名将であって、すぐれた人を思うままに使う術にもっとも長けていた。漢の高祖を彷彿するほどである。惜しいことには、高祖と同じく学問の力がなかったので、大道をわきまえず、天理にさからうことも少なくなかった。

中でも朝鮮を伐ち、七年間軍隊を配置して、両国の士民を殺したことは、不仁の至りである。『懲《ちょう》毖録《ひろく》』（李氏朝鮮の史書）によれば、わが軍が退いた後は、都城のあたりは朝鮮士民の死骸が道路に山のようになって、虎狼が白昼に出て、人民万物は落ちぶれ、都城も山野のようになり、目も当てられないありさまだったという。また人が説くのによれば、二百余年の久しい時を経ても、まだ昔の朝鮮に復しがたい体という。

秀吉は征討のとき、沈《しん》惟《い》敬《けい》（明の外交家）にあざむかれ、大明皇帝にするという詐術を信じて和睦を結び、日本国王に封ずるという書を聞いてひどく怒り、口からあわを吹いた。これは無学の大きな証拠である。中国の例に、太古からずっと、外国を冊封することはあるが、中国の天子にしようということはない。たとえ秀吉が明国を大部分攻め取った上であっても、位は譲るまい。ましてや、明の境にも入らないのに、大明国王にするとの理があろうか。これを信じるというのだから、実に「狐に憑かれた」と言った浅野長政の言の通りだ。

この和睦は、小西行長・石田三成というよこしまの輩の詭計から出たもので、二人が君主をあざむいた罪は、特にあってはならないことだ。加藤清正が和睦のことをはなはだ不満に思ったのは、智略の将だからだ。秀吉の明をとろうと思う大志は、信長が在世の時から抱いていた。だから秦の始皇帝や漢の武帝にまさる。大器の英雄であるが、学問が無いので、敵情を察することができなかったのだ。

昔、魏の文侯が李克《りこく》に問うた。

「諸侯のうち、誰がまず亡びるだろうか」李克は言った。

「呉がまず亡びるでしょう」文侯がその理由を問うと、

「呉はたびたび戦ってたびたび勝っています。たびたび勝てば君主は驕り、たびたび戦えば民は疲れます。あとは亡びるのを待つばかりです」と言った。

漢の魏相は言った。

「他人の土地財宝をむさぼる者を貪兵《たんぺい》と言い、兵の貪る者は敗れる。国家の強大さをたのみにして、人民の多さをほこり、威を敵に示す者を驕兵と言い、兵の驕る者は滅びる」（『漢書』「魏相伝」）とある。秀吉は兵を用いてからこのかた、攻めれば取り戦えば勝って、破竹のように天下を取った。その易きを見て、その難きを見なかった。明を取るのもこのようなものと侮ったのである。けれども七年苦戦して、朝鮮すらまったく取ることができなかった。四百州は難しいと言えよう。

秀吉の兵は、魏相が言うところの貪兵驕兵の類である。しかしわが国の諸将の武勇によって、大敗にはいたらずに、軍隊をすっかり退けた。しかし、豊臣が二世で滅びたのは、李克の言と符合する。

けれども、『荘子』（「人間世篇」）に「無用の用（一見無用とされているものが、実は大切な役割を果たしていること）」ということがある。漢の武帝が匈奴を征したのは無用であるが、漢の末にいたるまで北狄の大患がなかったから、有用であったのだ。秀吉が朝鮮を伐ったのは無用であるが、中国が今にいたってもわが国の武勇をおそれ、手強《てづよ》き風俗と称している。元の太祖のように寇することは、おそらく無いだろう。これも「無用の用」と言える。清人の『淥水亭雑識』（納蘭容若）・『小治録』（陸鳳藻）等の書物に言う、「**日本人は、凶狡で殺を嗜む。死をこそ栄誉とし、刀剣は非常にするどく、岸に登ってきたら刃向かいにくい**」。

隋の煬帝《ようだい》は、百二十万の兵で高麗を征したが、一城を抜くこともできなかった。唐の太宗は英武の才でもって八十万の兵で高麗を征したが、平壌すら取ることができなかった。秀吉は、わずか十三万の兵で、朝鮮の両都を一ヶ月のうちにことごとく攻め取り、王子をとりこにした。これは中国にはまったく無いことである。わが国の武勇が、中国にまさっていることを知るべきだ。これは歴史書を読めば明らかなことであって、わが国を誇っているのではない。**オランダ人の書物を見たが、「秀吉は秦の始皇帝のような英主である」とあるので、オランダ人もおそれたのである。**

【間話巻之下　十一丁オ】

三七　明の冊封

応永十三年（一四〇六）、明の永楽帝から使者が来て、足利将軍義満を日本国王に封じ冠服を与えた。それ以前のこと、義満の世のはじめの応安六年（一三七三）、明の使僧仲猷《ちゅうゆう》・無逸《むいつ》を太宰府から入洛させ、嵯峨に置いた。これは、明は三度も使者をつかわしたが、菊池（肥後国隈府。南朝の征西大将軍懐良親王の本拠）にとどめられて京に来なかったので、両僧に来させたのである。義満は動揺して、その九月に使僧を帰国させた。

永和（一三七五〜七九）のはじめ、僧絶海・汝霖を明につかわし、両僧は太祖（洪武帝）に謁見して帰国した。応永八年（一四〇一）、義満は明帝へ使者をたてまつり、黄金千両と器物を貢した。十五年（一四〇八）五月、義満は薨去した。明の成祖は義持（第四代将軍）に弔慰の詔を与え、義満を恭献王と諡した。

亡父灌園先生（安藤親重）は言った。

「義満が明から冊封を受けたことは、わが国の大疵《たいし》である」

明は豊臣秀吉をも日本国王に封じようとして詔を贈ったが、秀吉は、

「余が日本の国王になりたいと思えば、みずからなるのだ。どうして明の封爵を受けようか」として返した。義満よりはるかにまさる。物を学ぶことは義満ほどではないだろうが、天賦の才の持ち主だったのだろう。

三八　悪を為せば禍来る

【間話巻之下　十二丁ウ】

『荘子』（「庚桑楚篇」）に「悪を昭々の中に為す者は、人得て之を誅し、悪を冥々の中に為す者は、鬼《き》得て之を誅す（注一）（人々の見ている所で悪事をはたらいた者は、人がとらえてそれを誅し、人のいない所で悪事をはたらいた者は、鬼神がそれを誅する）」というのは、名言である。一分の悪を為せば一分の祟《たたり》来り、十分の悪を為せば十分の禍来る。他の人はわからないと思って悪を行えば、鬼神の罰を受けるのである。

武州のある村に、藤右衛門という者がいた。あるとき、村の者と同道して旅行した途中で、その者を殺して金を奪い、屍を溝中に棄てた。その所の者が屍を見付けて官に訴えたので、取り調べたが、

わからない。藤右衛門は奪った金で商売をはじめ、生計もだんだんと豊かになり、十年ほど過ぎたが、だれもその悪事を知る者はなかった。

あるとき、村中の者が信州浅間山に詣でたことがあった。藤右衛門もともに登山した。この山は、富士山と肩を並べると世に言う高山である。ことに天明三年（一七八三）に火が燃え出たあとは満山みな焦砂で、草木なく、大きな焼け石が累々として横たわっていた。火が燃え出たところは、山の絶頂のすりはりという所で、十余町（十数ヘクタール）の大きな穴となり、その深さは幾千丈（千丈＝三千メートル）あるかわからない。

今も火はわずかに燃え、雷鳴がとどろくようで、黒煙が空をおおって、数十里の外からも見える。中腹から上は岩石の間から煙を吹き、恐ろしさは、富士山の類とは天と地ほどの別がある。したがって、一年に一度よりほかは登山を許さない。

藤右衛門らは案内者を頼み、山に登った。この日は快晴で、わずかな雲もない。次第に山の中腹以上に登ったが、にわかに空が曇り、黒雲がおおって、暴風が砂をまきあげた。道のかたわらのところどころから火が燃え出て、その恐ろしさは言いようがない。案内者は言った。

「このようなありさまでは、登山はできない。ひと休みしましょう」ということで、一緒に休んだ。皆々恐怖してうずくまった。たちまち空中に怪しい声が高く、

「藤右衛門、カムリをとれ」と言った。カムリとは、登山の者の白布で、頭をつつむものである。藤右衛門は大変恐れ、顔いろは土のようになり、案内者に抱きついた。黒雲はますますおおい下り、ごく近くも見分けられない。皆生きた心地がせず、うち臥した。

しばらくたって雲がおさまり、空は晴れ、左右をかえりみると、藤右衛門の所在を見失った。皆驚いて探すと、四、五町（五百メートル）先の岩角《いわかど》に、引き裂いて掛けてあった。これこそ荘子の「悪を冥々の中に為す者は、鬼得て之を誅す」というものである。これは近年のことであると武州熊谷在の修験者が語ったので、いささか記して世の戒めとする。

注一　『艮斎間話』中の『荘子』引用の「悪」「昭々」「冥々」の語は、原典の『荘子』には「不善」「顕明」「幽間」とある。わかりやすい語に改めたのであろう。

三九　自　愛　【間話巻之下　十三丁ウ】

人は遇不遇を論じず、一生の間、わが身を自愛すべきである。吉凶禍福は縄のように交互にやってくるものだから、不遇だからといって志を挫いてはならない。また、どういう時運に遇うかもはかりがたい。たとえ一生不遇であったとしても、自分の職分を尽くせば、心に恥じることはない。

石田三成は、関ヶ原の戦いに敗北して囚《とらわれ》となった。刑が行われるとき、途中でのどが乾いて湯を求めた。警護の士が民家に入って湯を乞うたが、湯がない。

「水を飲みますか」と言った。三成は聞いて、

「水は五臓をそこなうと聞く。養生の道ではない」と言って、飲まずに去った。三成の命は今日限りであったが、なお養生の道を論じたのだから、自重したと言えよう。

松永久秀は、織田信長と戦ってやぶれ自害しようとするとき、百会《ひゃくえ》（頭頂部）に灸して言った。

「いつのための養生なのかと、私のことがいかにもおかしく見えるだろう。されども私はつねに中風を患っている。死に臨んで中風が発し、全身が思うにまかせず、もし『臆した』と言われたならば、今までの武勇がむなしくなってしまう。百会は中風の灸だから、その病を防いで、勇士は快く死ぬのだ」とあって、灸を百会に焚き終わって自害した。名を惜しんだと言える。

三成はよこしま、久秀は悪逆なので、士君子（学問があって徳行の高い人）が唾罵《だば》する輩である。しかしその志の、深く身を守った所は、採るべきである。「悪《にく》みて而《しか》も其の美を知る」（『大学』「伝八章」）ということもあるので、その美（よいこと）を無視してはならない。

❊

不遇なればとて、志を挫《くじ》くべからず。

四〇　覚悟

【間話巻之下　十四丁オ】

覚悟のある人は、事変に臨んでも驚かない。覚悟のない人は、狼狽して度を失う。一点の火でも、思いもよらないときに手に当たれば、驚いて表情が変わる。大きな灸でも、覚悟して焚けば驚かない。古人の書物を読み、人物の正邪得失を見分け、治乱興廃のあとを見るのは、皆自分が覚悟するための工夫（修養）である。道に古今の相違はなく、理に内外（自国と外国）の相違はない。事跡は同じではないが、道理は一に帰するのである（二・阪注）。

今川義元は戦場で、ある者を召して斥候《ものみ》につかわした。ちょうど先陣の戦がはじまったところだったので、その士も逃れにくく、槍を交え首一級をとって帰った。義元は大変怒り、「敵の様子をうかがって、すみやかに帰れと命じたのに、己の功をむさぼった。忠義の心がない。軍法によって裁く」と言った。その士はしおれた体で、そばの人に小声で、家隆の歌を、

刈萱《かるかや》に身にしむ色はなけれども見て捨て難き露の下折れ（秋の刈萱にはこの身に染み込むような趣があるわけではないが、露に濡れてしっとりと垂れる様を捨て置くには、あまりに惜しいではないか）

こう唱えたので、義元はますます怒り、「なにを言うか」といった。しかし侍臣が家隆の歌のことを告げると、しばらく思いにふけって、たちまち怒りの色が晴れた。

「ふとどきなことではあるが、にわかに家隆の歌を思い出したのは、すぐれたふるまいだ」と言って、罪を赦した。この人は、にわかに古歌を引いて志を述べた。覚悟のある人だ。

立花龍虎斎(注一)はつねに息女に教えた。

「女だといっても、士の妻たる者は、事のある座に居合わせたとき、取り乱した体になるのは見苦しい。そのようなときは、『こういう座に居合わせたのは、まことに冥加なことよ』とまず思え。さてその後に、事をどのようにとも、相応にとりはからえ。もしかして、どうなるのか、と動転するから、取り乱す体にもなるのだ」と教えた。意味の深い名言である。

注一 戦国武将立花宗茂。島津征伐や朝鮮出兵など、激戦を重ねて生涯無敗。

⁂

覚悟ある人は事変に臨んで驚かず。覚悟なき人は狼狽して度を失ふなり。

古人の書を読み、人物の邪正得失を弁じ、治乱興廃の迹を観るは、皆我覚悟する工夫なり。道に古今無く、理に内外無し。事迹は同じからざれども、道理は一に帰するなり。

四一 礼楽

【間話巻之下 十五丁ウ】

『論語』(「憲問篇」)に「子路が成人(完成された人)についておたずねした。先生は言った。『臧武《ぞうぶ》仲《ちゅう》ほどの知と公綽《こうしゃく》ほどの無欲と卞荘子《べんそうし》ほどの勇と冉求《ぜんきゅう》ほどの才芸とがあって、なお礼楽(礼と音楽)によって飾るなら、成人と言えるだろう』」とある。「成人」とは、全人と言うのと同じで(注一)、才徳が備わり人道が完全な人である。智は臧武仲と同等、無欲は公綽と同等、勇武才芸は卞荘子・冉求と同等で、四つの美(智・無欲・勇武・才芸)を備えたならば、すでに全人と称してよい。けれども、「礼楽によって飾る」(「憲問篇」)の一語があるのは、どうしてか。智廉勇芸があっても、礼楽の徳がなければ一方にかたより、智勇も真の智勇ではなく、無欲も才芸も真の無欲才芸ではない。礼楽によって飾り、その美なるところが皆中正(中立公正)和楽《わらく》であって、一方にかたよる弊が無いのを、全人と言うのである。中正のところは礼である。和楽のところは楽《がく》である。この礼楽は、玉帛鐘鼓の具を言うのではない(注二)。

永禄天正(一五五八~九二)の間、猛将が雲のように起こり、謀士が林にように並び立った。けれども、智者はいつわりのはかりごとに流れ、勇者は乱暴になり、無欲の者は実用に熟達せず、技芸の能力がある者はつまらぬ技に通じ、おのおの一方にかたよるところがあった。

ただ小早川隆景（毛利元就の三男）は、孔子の言うところの「成人」と評すべきである。隆景の善行偉績は枚挙できないほど多い。中でも、こういうことがあった。秀吉は小早川秀秋を毛利輝元の養子にしようという考えを持っていた。秀秋は秀吉の北政所の甥で、秀吉も実子のように愛したからである。

隆景は、本家毛利が他姓となることを憂い、また秀秋の性質が大国の主でないことを知り、いそいで秀秋を乞うて自分の養子とした。その処置の妙は円満で波風も立たず、秀吉もたいそう悦んだ。これはただ智が人よりも超越しているだけでなく、礼楽によって飾って中正和楽だからである。

かつまた隆景は多年戦功を積み、筑前一国を領していたが、秀秋が不肖の息子たることを知って小早川の養子とし、本家の毛利をまっとうさせた。これは私欲を離れ大義を重んじたのであり、孟公綽の無欲にまさる。

朝鮮の碧蹄館の戦い（一五九三年）は、明の李如松が二十万の兵を率いて小西行長をやぶり、平壌を抜き、風雨のような勢いであった。諸将は恐れおののいて都（漢城府、現ソウル）に集まった。ひとり隆景は自分の城を守り、兵をかえさず、諸将が苦言をもって諫め、しだいに都に退いた。しかしなお城に入らず、城外に陣を置き、戦の日に先鋒に進み、縦横に奮撃して大いに明兵をやぶった。明兵は死者数万人、大将李如松は馬から落ち、わが将に刺殺されるところだった。隆景の猛気英姿はただただ摩利支天のようだと、全軍は感歎した。

おそらく虎と格闘した卞荘子は、武勇を遠く譲るだろう。かつまた勇だけではない。はかりごとをめぐらして敵をやぶった妙は、礼楽によって飾る所があるからだ。秀吉は雄才抜群の人ではあるが、小田原を囲むも抜くことができなかった。隆景の智によって、ついに城を下すことができた。

秀吉はかつて言った。

「平重盛はわが国の聖人として称えられているけれども、おそらく隆景には及ぶまい。父清盛の行跡は人望にそむくことが多かった。重盛は、『天下のとがめで当家が滅びることは近かろう、なにとぞこの悪行をとどめたまえ』と、熊野へ詣でて祈った。『もしこの義が叶わないならば、重盛の命を縮めても、当家を守りたまえ』と言って、我とわが身を調伏したのは、どうしてか。それほどに家が滅びることを憂えるならば、一族の賢者と評議し、清盛を押しこめて国家が穏やかになるようにすべきである。また頼朝を助けたのは、不覚の次第である。池禅尼《いけのぜんに》（清盛の継母）が請うからといって、助けるべきものではない。その上、流人ならば、西国へつかわさずに源氏が代々持ち伝えた東国へ流したから、昔のよしみを思う輩が頼朝を慕って、平家を亡ぼしたのである。重盛が聖人ならば、このような愚かなことがあろうか。日本の聖人と称するのは、理由のないことだ。このようなことは、隆景ならおかしく思うだろう」

秀吉のこの言は、隆景をほめすぎのようであるが、当時隆景の才徳が傑出していたことが察せられる。

私がもっとも感称するのは、次のことである。応仁以来、天下の乱がきわまって、学問の道は僧徒がつかさどるものとなり、学校の設置を久しく廃していた。隆景ははじめて学校を筑前に建て、学問を盛んにしたのだから、聖人としてたいそう功がある。

元和以来天下泰平で学問がしだいに行われ、諸国に学校が起こり、近い時代において学問文章が盛んである。その発端は隆景である。重盛が仏を信じ、宋の臨安の育王山に黄金を贈ったことに比べれば、その功徳の優劣高下は論を待たずして明らかである。**育王山は南宋が都を置いた臨安の大寺である。『尭山堂外紀』(明、蔣一葵著)に見える。**

注一　『論語集注』に「成人は、猶ほ全人と言ふがごとし」とある。

注二　『論語』「陽貨篇」に「礼だ礼だといっても、玉や絹布のことであろうか。楽だ楽だといっても、鐘や太鼓のことであろうか」とある。

❊

礼楽の徳無ければ一偏に流れ、智勇も真の智勇にあらず。

【間話巻之下　十八丁オ】

四二　自得

『論語』（「先進篇」）、子路のことばに「書物を読むことだけが学問だと限ることもないでしょう」とあるので、昔から読書を学問の要としたものと見える。しかし、わが身を修め、心を正しくするための学問なのだから、ただ読書だけを学問と思ってはならない。

朱子は言う。

「学問は書物を読むことにとどまるものではないが、読書をしなければ、どうやって学問を修めればよいかがわからない」（『朱子語類』「訓門人六」）また言う。「読書はもとより第二義的なものだ」（『朱子語類』「読書法上」）

陸象山は言う。

「六経（儒学経典）は、我の本心について注釈したものである。とすれば、我（本心）が六経を注釈する必要はないのである」、「本心を知れば、六経は、ことごとく我の本心を説明した注釈書なのである」（『語録』）これみな切実な言葉である。

後世、ただ読書だけを学問と言うようになり、朱子の注の上に種々の注釈を加え、章句をもっぱらこじつけて解釈し、枝葉末節を考究し、本源を養うことを知らなくなった（二一・阪注）。朱子の注は意味

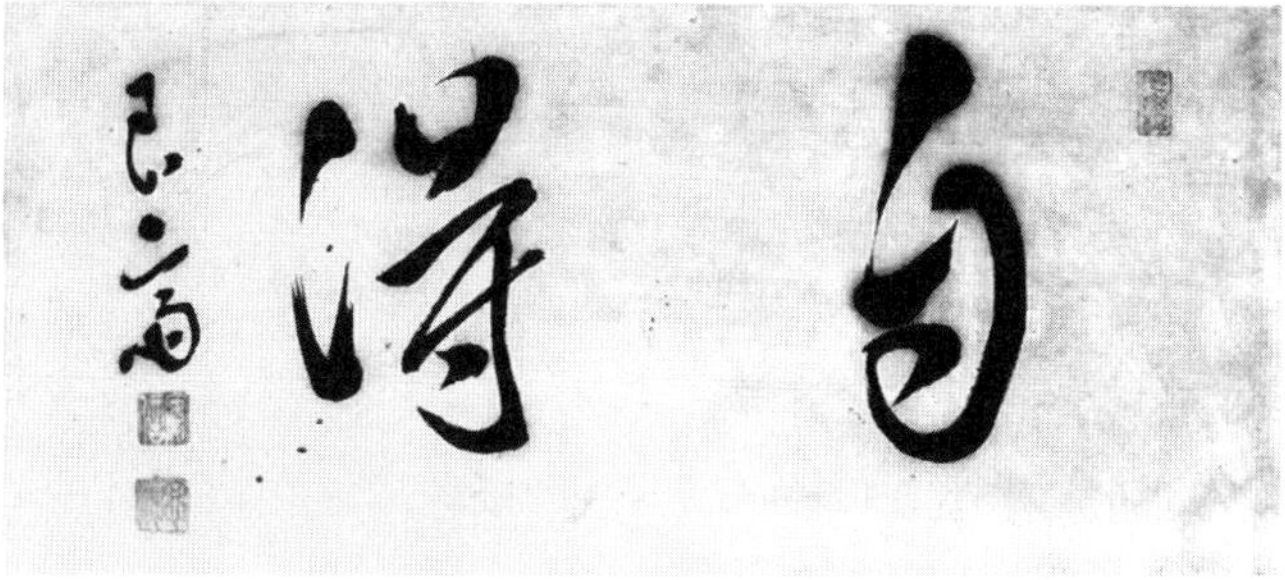

安積艮斎「自得」扁額（安藤智重蔵）

深長で、初学の者には注だけでは解しがたいところがあるので、『四書或問』『朱子語類』を参考にし、または『四書蒙引』『四書存疑』『四書緒言』『四書講義困勉録』の類にて考究するのも宜しい。けれども、追々後世の汗牛充棟（牛が汗をかくほどの重さ、棟むねまでとどくほどの量）の注釈書を参考にしようとすれば、ますます枝葉の上になって、心身の自得（自分の体験によって理解する）はできなくなる。

朱子は『大学』を読む方法を説いた。

「『大学』一書には、経書の本文があり、『大学章句』があり、『大学或問』がある。繰り返し読めば、『大学或問』を用いずただ『大学章句』を読めば十分だ。日にちが経つと、本文だけを読めば十分だ。さらに日にちが経つと、一冊の『大学』が自然に私の胸中にあって、本文さえも読まなくてよいのだ」（『朱子語類』「大学一」）この言葉はまことに卓見である。後世、『四書集注』の注釈書がこう数十百部にいたろうとは、朱子も思いもよらなかったことだろう。

前漢のとき、学ぶ人は一経あるいは二経に通じて宰相にいたり、または天子を助ける高官となった。匡衡は『詩経』に通じ、公孫弘は『春秋』に通じ、張禹は『易』『論語』に通じ、皆宰相にいたった。夏侯勝は『書経』に通じて太子に経を授けた。

宋の趙普は、半部の論語によって太祖（趙匡胤）をたすけて天下の乱を平定し、半部の論語で太宗（趙匡義）をたすけて泰平を開いたという。明の王陽明は、龍場駅の役人に左遷されたとき、『大学』一巻を熟読して致良知の学を開いた。書物を読んで心身にもとづかなければ、万巻を読んでも書棚本箱（博学強記の人）になるだけで、実用に益はない。聖人の言葉の滋味の深さは、体認しなければ知りがたい。

『論語』にあるように、当時の孔子のことばは、両端を叩いて（すべての問題を十分に導き出して）（注一）教えたことばであった。しかし竹簡漆書や科斗《かと》文字（注二）の不便な時代だったから、孔子の教えを聞く者はその大要を挙げたものと見える。わが身心に体究して、言外の意を得るのでなければ、意味の深さは知りがたい。

ある画人は言った。「山水を描くにも、筆墨にて形容するところは、人も観て巧拙を見分けるが、墨をつけない白紙の余白のところに妙趣があるのは、誰も観賞する者がいない」となげいた。まことに、この理はあろう。

詩もこれと同じである。林浦《りんぽ》（北宋の詩人）の梅（山園の小梅）の詩「疎影横斜して水清浅《みずせいせん》　暗香浮動して月黄昏《つきこうこん》（咲きそめて葉もまばらな枝の影を清く浅い水の上に横斜めに落とし、月もおぼろなたそがれどきになると、梅の香がどことも知れず、ほのかにゆれ動く）」は、古人が梅花の表情をよく形容したものと称する。この十四字の字義は、誰もがわかる。けれども、形容の妙処はどこにあるかと聞かれれば、言語では説きがたいことがある。読む者が玩味して、言外の意を自得しなければ、妙処は知られないのである。

読書もまた同じである。『論語』一書について、文にしたがって義を解することは、誰もができることだが、言外の妙処は知りがたい。久しく熟読玩味して、自得のところがあれば、精神は活動して、知らず知らずに手が舞い足が踏む境地にいたる。「論語序説」（『論語集注』）に載る程子のことば（注三）は、確かに読書の真訣《しんけつ》（まことの道をきわめること）である。

注一　『論語』「子罕篇」に「我其の両端を叩きて竭くす（私は、物事のはじめから終わりまでのすべての問題を十分に導き出そう）」とある。

注二　木や竹の棒の先をつかって漆で書いた。形がオタマジャクシに似る。

注三　「私（程子）は十七、八歳から論語を読んだ。その時に文義を理解してから、その後長年にわたって読み続け、ますます含意に奥行きがあることを感じている」とある。

四三　格物窮理

【間話巻之下　二十丁オ】

格物窮理《かくぶつきゅうり》（物事の道理をきわめて、そこに一貫する原理を見いだすこと）というものは、経書を読み道理を研究することを要とするが、書籍ばかりでは、真知（真の知識）の窮理は難しい。わが身の居る所にしたがって、実事に即して省察し、あるいは悪念が起こり、あるいは善念が起こり、あるいは過失をおかし、あるいは変事に当たった所で、着実に窮格《きゅうかく》（理を窮めてそれに至る）すれば、真知にいたるのである。

ただ書物の上ばかりでは、知ることは真切でなく（はっきりせず）、半上落下（曖昧でいずれともつかない）のことが多くなる。虎の話を聞いて恐ろしく思うことと、虎に本当に遭って傷を受けて恐ろしく思うこととは、かなり違うのである。本当に虎に遭ったことを真知と言う（注一）。なにごとも、実地を踏まずして、書籍だけで窮理するというのは、畳の上の兵法、畑の中の水練である。

私は山水を好む。近国の勝景を探ろうとするとき、まず古人の遊記・地誌を読み、かの山の形はこうであろう、その川の流れはこうであろう、土地風俗はこうであろうと思う。そのところに到って、観てみると、ことごとく違うのである。これによって、「百聞は一見に如かず」、格物もこのようなものであろうと察する。それを旅の友に語ったところ、皆「もっともだ」と言った。

注一　程顥《ていこう》は、「真に知る」ことの意味を説明するため、虎の恐ろしさは、虎に襲われて怪我をした経験のある者以上には知り得ないという例を挙げた（朱熹編『二程遺書』巻二上）。

四四　知行並進

【間話巻之下　二十一丁オ】

知行《ちこう》（認識と実践）並進《ならびすすむ》は、儒学の要である。前後を言えば、知は先、行は後である。軽重を言えば、知は軽く、行は重い（注二）。知がますます精しくなれば、行はますます確かになる。行がますます確かになれば、知はますます精しくなる。知行はもともと離れないものである（注二）。

経書の中に「知行」を並べて挙げることがある。知を挙げて行を包含することがある。行を説いて知を包含することがある。知行はどちらか一方にかたよるべきではないが、学ぶ人は、力をもっとも行に用いなければならない。万巻の書物を読んでも、行わなければ、玉杯に底がなく、牡丹が花だけで実がないようなものだ。

つまるところ、致知格物（注三）の工夫を用い、物事の道理をきわめるのも、行おうとするためである。力行の志が篤ければ、格物（事物に至る）の功も虚見にならず、切実なのである。

朱子は致知（知識を推し極める）を重く説いた。孟子以降、聖人の道が明らかでなく、漢の馬融《ばゆう》・鄭玄《じょうげん》・王粛《おうしゅく》の徒は文字訓詁の学に流れ、大道を説くとなると疎漏で、道の深奥を明らかにすることができなかった。こうなったのは、致知の功が極限にまで至らないために、道のおおもとの達道（君臣・父子・夫婦・兄弟・朋友の五倫の道）に通暁しなくなったからだ。

韓愈《かんゆ》のような豪傑も、学問の精密さはまだきわめておらず、千五百年の間、聖人の道の奥深くは、暗くふさがっていた。朱子はそれを明らかに示そうとしたので、事物至当の理を窮格させる（事物の理に至り尽くす）ために、致知の工夫を重く説いたのである。

だから、朱子が儒学に功があるのは、とりわけ格物のところなのである。知らなければ、行うことができない。だから、『大学』は、致知格物を先にし、誠意正心は後にした。けれども、実地に力を用いるとなると、その身が居るところに応じて、最初から工夫をこらすのである。

自分は格物致知の功にいたらないので誠意正心は行うに及ばないという学問があるだろうか。つまり一時一事の間でも、その理をきわめることを言えば格物と言い、その意を究明してあざむかないことを言えば誠意と言うのである。知行の二つは、区域を立て時事を分けるものではない。

朱子は言う。

「『大学』の致知から平天下までは、多くの工夫すべき事はその順次階梯は書いてある通りだが、どれも一斉に取り組まなくてはならない」（『朱子語類』「大学二」）。

李光地（一六四二〜一七一八　清の朱子学者、政治家）は言う。

「敬（恭敬）と義（義理）、知と行は、目で視て足で履むようなものだ。一時に並び用いて、これがあれば、かれもあり、はじめから単独に事をまかせる時間はない」

後世、学ぶ人は知行を分け過ぎて、書物を読み義理を明らかにすれば、行は自然と進むように思い、力行《りょっこう》（努力して実行する。『中庸』）を重んじなくなった。だから、虚遠（むなしく遠いところ）に馳せ、支離（ばらばらなさま）に流れ、終年書籍を追いかけて、重大な趣旨や要旨のところは忘失してしまうにいたる。これは朱子の本意ではない。

注一　『朱子語類』「学三」に「先後を論ずれば、知を先と為し、軽重を論ずれば、行を重しと為す」とある。

注二　王陽明『伝習録』巻中に「知と行とは並行して進むもので、前後に分けるべきものではない」「知行が合一並進であることは、決して疑い得ない事実であろう」「知行の工夫（修養）は、本《もと》離るべからず」とある。

注三　知を致すは物に格《いた》る（知識を推し極めて、物事の道理をつきつめる）に在り。朱子の説。

四五　聖人の道

【間話巻之下　二十二丁ウ】

聖人の政でも、数百年も久しく続けば、流弊が生じ人々が反感を持つのは、勢いでそうなるのである。だから時勢をはかって変革しなければならない。

『周易』（「繫辞下伝」）に「其の変を通じ、民をして倦まざらしむ（物事に変化を与えて人々が生活に倦怠を感ずることのないようにした)」とある。温暖な春は好い季節だが、春ばかりでは、万物は成長しない。だから、夏の炎暑となり、また秋の涼冷、冬の厳寒と、四季が循環して万物生成の功をなす。

尭舜三代の政は、聖主賢臣が立てた法律や制度にもとづいたが、久しく続いたので流弊が生じた。それで、世が易《か》わるときは、礼楽刑政が一変して、天下と更始《こうし》した(天下の人心を一新した・『荘子』「盗跖篇」)のである。夏は忠、殷は質(内実)、周は文(外に現れた文飾)を尊ぶが、これも時勢でおのずとそうなったのである(『論語集注』「為政篇」に「夏は忠を尊び、商は質を尊び、周は文を尊ぶ」とある。夏、殷、周それぞれの王朝では尊ぶものが変化した)。

秦漢以来、郡県の制となる。郡県となっても、歴代の法律や命令は、増減が同じではない。春三月が過ぎても、まだ春のままに置こうとするのは、前例にとらわれて改良する気がない政である。人民はあきて怠り、国家はむしばまれて壊れ、ちょうど劣悪な船がどんどん深い淵に入ってゆくようなものである。また、春のなかばなのに、にわかに夏にしようとするのは、かるはずみで乱れた政である。人心は驚き震え、一つの弊害をとり除いて、百害が生じるのである。

明君賢相は、時勢をはかり、人心にしたがい、変通(物事の変化に応じて処理する)の妙があって、民を飽きさせないのである。学問もこれに似たところがある。世にしたがって変わるのは、自然の勢いである。

三代（夏・殷・周）はひとまず置いて、前漢後漢から唐にいたるまで、鄭玄・何晏・馬融・王肅らの注ですましおき、格別の異同はなかった。唐の孔穎達《くようだつ》・賈公彦《かこうげん》らは注疏を作り、古人の注を主とし、わずかも出入りがなく、誤謬のところもかばい守って、そのままにしたのである。このようでは、学問に精神がなく、卑陋の説が多く、聖人の奥義がわかりにくいので、宋になって劉敞《りゅうしょう》が出て、はじめて古人を弁駁して一家の言を立てた。

欧陽脩・蘇軾・蘇轍・王安石らが群れ起こって、漢唐の諸儒の他に、おのおのその学派を形成した。程顥《ていこう》・程頤《ていい》が出て、はじめて性命（天が付与するものを命といい、これをうけて我に在るものを性という）の学を唱え、朱子にいたって集大成した。こうして、漢唐の学風はかなり変わった。宋末から元明まで、朱子学を奉じ、性命の説はさかんに行われた。

けれども学ぶ人は、朱子の本意を失い、読書だけを格物と心得て、ばらばらに流れて、実行のない者が多くなったように見える。だから、王陽明が出て知行合一の説を掲げ、朱子学のばらばらにはびこった弊害を矯正した。天下の学ぶ人は一致してしたがい、さかんに行われた。

しかし、陽明の説はつまり宋学から出たものであって、朱子学と天地の相違がありはしない。もっぱら内に求めて知行を合一にし、事物に就いて窮理しないところは、朱子と相違があるけれども、やはり性命の学であって、陸象山にもとづいたものである。

明末にいたるまで陽明学がさかんで、その流弊がはなはだしいことは、朱子学以上である。しかし、陸稼書《りくかしょ》・呂晩村《りょばんそん》の徒が陽明を攻撃して、「明の天下を滅ぼしたものは陽明の学である」と言ったのは、あまりにはなはだしい極論である。王陽明の自得の妙は、後学が軽々しく議するべきものではない。これまた、宋学の一変である。

清になって、顧炎武《こえんぶ》・毛奇齢《もうきれい》・朱彝尊《しゅいそん》・閻若璩《えんじゃくきょ》・胡渭・江永・萬斯同の徒が起こり、考証の学を唱えて、学風がまた一変した。これも自然の勢いがあったようだ。

朱子は千古の大儒である。その学を奉じた宋末以来の陳北渓・許白雲・饒双峰から蔡虚斎・林希元・呂晩村にいたる儒学者は、朱子が注解した書物にはくわしいけれども、漢唐の儒学者たちの注疏、老子・荘子・申不害・韓非子ら諸先生、班固（『漢書』）・司馬遷（『史記』）以来の歴史などは、深く渉猟しないように見える。彼らが著した書物を読むに、手近な出典考拠を知らず、強いて自分の説を主張するので、往々にして笑いを発することもある。だから、豪傑の士が、その下に屈することに甘んじず、さらに一赤幟《せきし》（注一）を立てようと思うのも、一概に道理がないとは言いがたい。だから、顧炎武・閻若璩・毛奇齢・朱彝尊の徒が、朱子学の力が及ばないところを精究し、考証を主としたのも、自然の勢いだね。

近い時代では、考証学もやや変じて、爾雅《じが》（前漢成立の辞書。経典で用いられる語を解説）・説文《せつもん》（後漢の許慎の字典）学を唱える。恵棟《けいとう》・戴東原《たいとうげん》・段玉裁《だんぎょくさい》の徒がその先がけである。漢唐から清にいたるまで、二千余年の間、あたかも四季がめぐるように、学術はしばしば変じ、人を飽きさせない。これもまた天地造化の一大戯場と見える。

聖人の道は日月のようなものである。四季は変化するが、日月の光は万古不易である。風雨、煙雲、晦明（曇りと晴）の変はあるが、日月の光に増減はない。どの学であっても、倫理綱常（三綱は君臣・父子・夫婦の道、五常は仁義礼智信）を助けて、家国天下の実用があれば、孔子の意にかなうのである。

注一　漢の韓信は、井陘口《せいけいこう》の戦に、趙城の幡を抜いて漢の赤幟を立てた。『史記』「淮陰侯列伝」

注二　『日本朱子学派之哲学』に「彼れが古今学術の変遷に拘はらず、聖人の道を以て万古不易とするの見解、区々たる学派の争論を超脱して、痛快限りなきの感あるを覚ゆ」とある。

※

聖人の道は日月の如く、四時変化すれども、日月の光は万古易はることなし。風雨煙雲晦明の変はあれども、日月の光に増損無し。何れの学にても倫理綱常を扶持し、家国天下の実用あらば、孔子の意に叶ふべし。

四六　二百年後の新奇　【間話巻之下　二十五丁オ】

ある人が言った。

「中国で一時流行した文章学問の風は、二百年過ぎてわが国に流行するのである。明の李攀竜《りはんりょう》・王《おう》世貞《せいてい》の徒は、古文辞を唱えて一時さかんに流行した。その後、二百年過ぎて荻生徂徠・服部南郭の徒が古文辞を唱え、国内に流行した。清初、顧炎武・毛奇齢の徒が考証学を唱えた。その後二百年過ぎて、このごろの儒学者は争って考証学を唱えている。

たとえば、江戸で流行したはやりうたが、四、五年過ぎて遠国で流行するようなものである。それがはじめに流行した所では、すでに陳腐になったものを、格別新奇のように思い、人々が争い競うのは、おかしなことである。

長崎の人が正月中に江戸に来て、都人が寒風を防ぐために藍絹《こんのきぬ》の行縢《はっち》（むかばき）を用い、裾をかかげ行くのを見て、はなはだ風流なことと思った。その人が長崎に帰ったのは五月の中旬であるのに、にわかに都製の行縢を作って、炎熱の中に歩行した。それを見た長崎の人が一同に風流と思い、皆これにならった。五月頃は江戸では誰も用いる者はいないのに、なおも風流と思って競争するのは、とりわけおかしい。

これと同様に、中国では陳腐となった文章学問の風を二百年の後に新奇と思い、一同に噪ぎ立てる。これは自信独立の志がないと言うべきだ。文章学問の法は、世にしたがって変遷するが、千古不滅の正脈があるのだ。その正脈を守ったならば、世の毀誉にかかわらなくてよい。ただ世の好みを逐い、一時に雷同して、矮人が戯場を観る（注一）（小人《こびと》が芝居を見る）ように、人のくびすの後に立って人の笑いに従うのは、ますらおの志気ではない」これは知言（道理にかなったことば）と言えよう。

注一　矮子看戯。見識のないことのたとえ。『朱子語類』巻一一六「訓門人四」に「まるで小人の芝居見物、（自分は見えないので）人が良いと言えば、自分も真似をして良いと言うようなものだ。いったいどこが良いのかと問うてみても、元来わかっていないのだ」とある。

❊

唐山にては陳腐と成りし文章学問の風を二百年の後に新奇と思ひ、一同に噪ぎ立つるは、自信独立の志無しと謂ふべし。

四七　質朴剛強

【間話巻之下　二十六丁オ】

天下の大勢を見分け、時宜に通じる（その時々において臨機応変に対応する）ことが重要である。豊かさを好み、虚文（うわべだけの飾り）をたっとび、実際のわざわいをのこすのは、はなはだ不可である。たとえば、古い器物を愛し、大金をついやして多く集めたとしても、今日の実用にならず、かえって財産をつかい果たすのは不可である。

昔、北魏（鮮卑族の柘跋《たくばつ》氏が建てた。南北朝時代）の孝文帝は北朝の賢君にして、仁孝恭倹であった。馮太后《ふうたいごう》のために三年の喪をおこない、大ひでりの時には絶食して雨を祈った。この類は、漢の文帝以来一人である。しかし、中国の衣冠文物を慕って都を洛陽に遷したのは、孝文帝の失政で、北魏の勢いはこのときから衰えた。

拓跋氏は北狄から起こり、中国の過半を攻め取った（北魏）。これは兵馬の精強、士気の勇悍によるものである。だから、夷狄の風俗のままで、紀綱（国家を治める上で根本となる制度や規則）を正し、賞罰を明らかにすればよく、必ずしも中国の風を学ぶには及ばない。ことにこのときの中国は、三代（夏・殷・周）の中国ではない。魏晋以来は浮華軽薄の中国であって、夷狄の質朴剛強な風俗に劣る。

かつまた洛陽は繁華の地であって、風俗がとりわけ柔弱である。また四戦（周囲が平坦で、攻撃を受けやすい）の衢《ちまた》であって、要害の地ではない。けれども孝文帝は、数代も都を置いた平城から洛陽に遷って、中国の衣冠を用い、えびすの言語や風俗を禁じた。見た目は美しいが、その内実は大害が生じた。諸大臣はみな北の地に生まれた人なので、洛陽の炎暑に堪えかねて、秋に来て春に帰った。

それゆえ、雁臣の称がついてしまった。

それだからこそ、太子元恂《げんじゅん》（孝文帝の長子）は北へ帰ることを思って、ついに乱をおこし、穆泰・陸叡も昔の土地を恋うて乱をおこした。そのほか、穆羆《ぼくひ》・新興公（新興は山西省北部の郡名）元丕《げんひ》の類は皆楽しまなかった。それから人心は動揺し、武威は衰弱し、子孫は暗く怠り、権臣が跋扈して滅亡にいたった。これは孝文帝が虚文を慕ったことから起こった。

昔、漢と匈奴とが和親を結び、漢は衣服飲食の類を贈った。しかし匈奴の臣衛律《えいりつ》は、その君主に勧めて、中国の衣服飲食がはでやかに過ぎて匈奴のものに及ばないことを国民に示し、夷狄の勇悍の風を守った。先々まで見ぬく見識があったと言える。

契丹《きったん》の阿保機《あぼき》（遼の初代皇帝）は五代（唐と宋の間に興亡した五王朝）の乱に乗じ、しばしば中国に乱入し、勢いが盛んであった。唐の明宗の時、姚坤を使節として遣わしたときに、阿保機は言った。「余は漢語を使えるが、士卒に対しては言わない。漢人に倣って怯弱になるのを恐れる」これも卓見である。

蒙古はこの理に通じなかったので、すでに中国を統一した後は、中国の風俗となり、浮華を喜び、旧俗の勇悍さを失ったので、八、九十年で亡んだ。今の清朝も北狄から起こって中国の主となった。けれども中国統一で、韃靼の剃頭弁髪の俗にことごとく変え、中国の華奢軽薄の風を学ばなかった。

だから、国勢の強さ、領土の広さが千古に抜きんでた。

これは、北魏・蒙古の流弊に懲りて、夷狄でもって中華を変えたのだから、雄偉非常の遠謀と言える。趙の武霊王が群臣の説得を排して、夷狄の衣服をまとい騎馬で戦ったのもこれと同じである。衣冠文物の類は、礼文（一国の文明をあらわす制度・文物）の末である。国勢を強くし、綱紀を正しくし、風俗が人情に厚く飾り気がないならば、衣冠文物が素朴鄙俗であっても、まったく害はない。虚文を慕って国勢を柔弱にするのは、はなはだ不可である。

わが国は鎌倉将軍以来、天下の大勢が一変した。武家は武家の風俗を守り、英武忠貞を主とする。しかしながら、武家の衣冠官名が典雅でないことを嫌い、制度を変えようと思う者がいる。これは大きな心得違いであって、王安石の新法と同じである。

四八　即かず離れず

【間話巻之下　二十八丁ウ】

詠物の詩を作るのに、その物に固執しては、詞意が重複して、洒脱の韻格がなくなる。また、その物から離れて作っては、ぼんやりとした詩になって、題にぴたりと合わない。だから古人は詠物の法を説き、「即かず離れず」と言った。はなはだすぐれた言である。

学問もこれと同じく、四書五経に固執し過ぎれば、道理の応用の方法がなくなり、かえって害が生じる。また経書からまったく離れたときは、規準がなくなって、権謀詐術に陥ってしまう。「即かず離れず」のところに妙趣があるのだ。

『孔子家語』（「六本篇」）に、

「夷狄の人が中国の礼義を慕い、中国では兄によく仕えることを悌とすると聞いた。妻を娶ったが、美しいので、兄に譲り与えた。兄を敬ったようではあるが、礼の正道ではない。また、中国の女は夫が死しては嫁がずと聞き、その娘が夫を失った時、再び嫁がせずに婿を取った。嫁がずといっても、婿を取っては貞女の道ではない」つまり聖人を慕って、ひどく間違えたのである。

『随園随筆』（清の袁枚著・「典礼類中」）に載せる。

「方望渓は、客を招いて酒食でもてなすとき、決して酒食をすすめなかった。人がそのわけを問うと、『礼では、主人が客を酒食でもてなすとき、客が食べようとすると、主人が客を制止して、粗末な食事だからと辞退する。客は必ずこれを食べて、この上なくおいしいとたたえる。これが古礼である。それなのに、主人が客に酒食をすすめて、客が逆に食べないというのは、礼であろうか』と答えた」

『礼記』の「雑記（下篇）」に、

「孔子は少施の家で食事をし、満腹になって供物を奉ろうとした。主人は辞退して言った。『奉るには及びません』孔子は汁かけ飯（注一）を食べようとした。主人は辞退して言った。『汁かけ飯を召し上がるには及びません』」とある。方望渓はこれにもとづいたと見える。しかし、かなり固執した例である。

宋の陳烈は、人の喪を弔うときに、膝を地につけたままで進み入った。人がそのわけを問うと、陳烈は言った。

「『詩経』(「邶風」「谷風」)に言うではないか。『凡そ民に喪《そう》有れば、匍匐《ほふく》して之を救ふ』(人に不幸のあるときは、腹ばいで駆けだし手伝った)と」聖人の書物を読んでも、あまりに拘泥すれば、その弊害がここに至る。

漢の王莽、宋の王安石は、周代の礼制にもとづいて、天下を乱した。北周の蘇綽《そしゃく》(宰相宇文泰に認められ、北周の創業を助けた)は、周代の礼制にもとづいて、制度を正した。聖人の書(儒学の経典)も、それを読む人次第である。

注一　おいしいので充分に食するという気持ちを示して、食事の最後に、残り汁を飯にかけて食べる。作法の一。

四九　謙信の度量

【閒話巻之下　二十九丁ウ】

武田信玄は一代の雄傑で、あたかも神のように兵を用いた。その配下に勇猛な士が多く、隣国を少しずつ侵食して、武略をたくましくした。とりわけ越後の上杉氏とは、たびたびの合戦で怨恨が深かった。信玄が死んだ頃、謙信は春日山にいて湯漬けを食べていたが、信玄の死を聞き、箸を投げて長々と嘆いた。その度量の大きさを感称するべきである。

晋の文公は、成得臣（楚の将軍・宰相。敗戦の責任を問われて自殺する）の死を聞いて、たいそう喜んで言った。

「余を悩ます者がいなくなった（注一）」

宋の檀道済《たんどうせい》（魏晋南北朝、宋の将軍。宋の文帝は讒言を信じ、檀道済を疑って殺害した。『三十六計』の著者）が殺されたと聞き、魏の人は喜んで言った。

「道済が死んでは、呉（長江中下流域一帯）の連中はおそれるに足らない」（『南史』巻十五）

斉で斛律光《こくりつこう》（北斉の武将。冤罪で処刑さる）を殺すと、北周の武帝は、国内で大赦を行った。（『北史』巻五十四）

宋の高宗が岳飛（南宋の武将。金に幾度となく勝利するも、宰相秦檜《しんかい》に謀殺さる。救国の英雄）を殺すと、金の人は酒を酌んで喜びあった。（『宋史』巻三百六十五）

敵国の名将忠臣が死んだのを聞いて喜ぶのは、豪傑のすることではない。晋の文公、後周の武帝は英主ではあるが、この一事は謙信に遠く及ばない。

注一　『春秋左氏伝』（宣公十二年・前五九七年）に、「……晋の文公は城濮《じょうぼく》の戦い〈前六三二年〉で勝利するも、成得臣をとり逃がし……『追いつめられた獣でも、最後まであばれるから、一国の宰相ならなおさらだ』と言った。楚の成王が成得臣を殺すと、文公ははじめて喜んだ顔になり、『余を悩ます者がいなくなった』と言った」とある。

五〇　戦の変遷　【間話巻之下　三十丁オ】

中国は、春秋時代の末までは、みな戦車（戦闘用馬車）の戦である。単騎（一人で馬に乗って戦う）は無かったと見える。

陸佃《りくでん》（北宋）が、「斉国と魯国が会見するのに、鞍を用いた」と言うので、軍隊に騎兵は久しく存在する。

『礼記義疏』に「昭公二十五年、『左師展《さしてん》、将に公を以て馬に乗りて帰らんとす』（左師展は公を伴って、馬に乗って帰国しようとした）とあるのは、単騎である」と言う。これによれば、春秋時代に単騎があったと見える。けれども稀なことで、経書には、『礼記』「曲礼」のほかには載っていない。

甲冑は革でつくられたものである。『周礼』「司服」に「凡そ戎事（戦争）は韋弁服《いべんふく》（古、戎服の名。韎韋《ばつい》〈茜染めのなめし皮〉を用いて作る）」とある。『春秋左氏伝』（成公十六年・前五七五年）に、郤至《げきし》（春秋時代、晋の将軍）は「韎韋の跗注《ふちゅう》（注二）（茜染めの皮袴）」とある。『周礼』「冬官考工記」に「犀甲《さいこう》」

「兕甲《じこう》」（犀や牛の革でつくったよろい）の制がある。犀牛・兕牛の革を鍛えてよろいにするのである。後になって金属でつくったので、鎧《がい》・鍪《ぼう》の字がある。

一つの戦車によろいをつけた兵士が三人、歩兵が七十五人とあるので、甲冑の士は一車に三人だけで、歩兵は甲冑がない。その後、戦車の戦は非常に不便なので、趙の武霊王は、遊牧民族の服を着て馬上から矢を射て、大いに武功をあらわした。それから戦車の戦は廃された。

金と蒙古の汴京《べんけい》（五代の四王朝、北宋、金の都。開封《かいほう》）の戦（一二三二年の汴京保衛戦）に、金の人は震天雷・飛火槍を用いた。これが鉄砲・大筒・火箭のはじめである。**『金史』「特嘉哈希伝」に載せる。また、『資治通鑑』（『資治通鑑後編』巻一三九）「宋の理宗紀」に見える。**

元の時、西域の人が、伊斯瑪《イスマ》（投石機の技術者、ペルシア人イスマーイールに因む）新砲（回回砲）の製法を献じた。よって、その人に砲をつくらせ、宋の樊城を攻めやぶった。**『元史』「阿爾哈雅伝」に載せる。**これも大筒である。

明の世に火車・火傘・大将軍・二将軍・三将軍などの大砲があった。もっとも鋭いものを仏郎機《フランキ》という。**『湧幢小品』（明、朱国禎）に載せる。**仏郎機は西洋の国名で、今の払郎察《フランス》のことである。払郎察の類斯《ルイス》という者がはじめて大砲をつくった。それが西洋の大筒のはじまりである。だから、大砲を仏郎機と言う。

小筒は明の嘉靖年間（一五二二〜六六）にはじまった。その頃、わが国の西海の兵民が江蘇、浙江に乱入したとき（倭寇）、小筒の鉄砲を放ち、縦横に奮撃したので、明の人は大変驚いて敗走し、数千里の間が戦場となった。唐荊川が上書して、はじめて小筒の鉄砲をつくり、わが国民（日本人）の生け捕られた者に命じて教練させた。だから、倭銃と称した。『唐荊川文集』・『七修類稿』（明）・『淥水亭雑識』（清）に載せる。このときから、火器は大筒小筒ともに精巧である。

清の太宗は、天聡五年（一六三一）、紅衣大将軍砲をつくり、刻して天佑助威大将軍と言った。これが清朝における鉄砲づくりのはじまりと言う。『東華録』（清朝の編年体の史書）に見える。

乾隆年間（一七三六〜九五）に緬甸《メンテン》（ミャンマー）を征するとき、戦争のさなかに大砲を鋳造した。戦が終わると溶かして持ち帰り、自在の事であった。『春融堂集』（王昶・一八〇七）に見える。

火器の製造がすでに盛んだったので、甲冑で覆っても益がなかったと見える。清朝が台湾を征した絵図、西洋オランダ諸国の戦いの絵図には、甲冑はつけず、紅衣を着て、ムカバキをつけただけである。

渡辺幸庵は、天正十年（一五八二）に生まれ、正徳元年（一七一一）に没した。齢百三十歳。たびたび戦場に臨んだ人である。かつて人に語った。

「戦争のさなかで戦うには、素肌がはなはだ便利なのだ。コテやスネアテなどしていては、なかなか働きづらく、素肌の者と闘ったときは、必ず負ける。しかし重要なきまりごとがあるので、自分のやりたい通りにやってはならない」（『渡辺幸庵対話』下）と言う。
軍備が世の変遷にしたがい、戦法が変革するのは、学問と同じである。

注一 古の戎服。なめし皮で作り、袴のようで、下は足の甲に達する。

【間話巻之下　三十二丁オ】

五一　武士

また、渡辺幸庵は人に語った。
「大坂の陣を心やすき陣と言うが、ゆるりと臥したようなことはなかった。物にもたれかかっていたのだ。後の陣は夏なので、蚊にくわれた。どちらも難儀した」（『渡辺幸庵対話』上）
この言は実事であろう。泰平に生まれ、蚊帳を張って高臥して、なおも「炎暑で寝つかない」などと言うのは、ふとどきなことである。
古歌に、
「武士《もののふ》の矢なみつくらふ籠手《こて》の上に霰《あられ》たばしる那須の篠原《しのはら》」（源実朝『金槐和歌集』）
（武士が箙の中の矢なみを整えると、その籠手の上に霰が音をたてて飛び散る、勇壮な狩場、那須の篠原

よ）

近い時代の賢侯の歌に、

「籠手の上にふりし世しらで厚被《あつぶすま》かさねて夜半の霰をぞ聞く」（松平定信『三草集』）

（武士たちの籠手の上に霰がふったという、ふるい世のことは知らないが、私は厚い布団をかさねて、夜半の霰の音を聞いている）

私は和歌の意味は深く知らないが、これらの歌については、大いに世の風教に役に立つ名歌と思い、ときどき吟誦するのである。

五二　学問に勉めよ（2）　【間話巻之下　三十二丁ウ】

「（聖人は）生まれながらにして之を知り、安んじて（思うままに）之を行ふ」と『中庸』に説いたことによって、学ぶ人は聖人を非常に高く見て、聖人は力を尽くして勉めることもなく、万事自然に道理に当たるように思うのである。

『詩経』の「大雅」（「文王之什」「文王」）に「亹亹《びび》たる文王　令聞《れいぶん》已まず（勉めてやまぬ文王は　よい誉れがやむときがない）」とある。聖人は生まれながらに悟り、思うままに行うのだから、力を尽くして勉める必要もなく、倦まず勉めるように、かたわらからは見えるのである。

孔子は、「私は生まれながらに悟っている者ではない。昔のことを愛好し、努力して求める者だ(注一)」と言う。聖人は生まれながらに悟り、思うままに行うのだから、道理はもとから悟っているのだが、名物（事物の知識）・度数（数量）は学んで知ったのだろうと言う(注二)。このたぐいは疑わしい。

聖人には聡明叡智の徳があるので、道理がきわまりないことを知り、朝夕絶え間なく力を用い、一点の私欲もないようにと精一杯勉める。これこそ聖人の聡明なところである。たとえ聖人であっても、生まれたままで学問に勉めずに、道理を尽くして、天の道に合致することができようか。

聖人は実際は常人の百倍の力を用いて道徳を自得したのである。後の学ぶ人は、「ひいきのひきころばし」で、聖人が造作なく道徳を自得したように思っている。ともすれば、「生まれながらに悟り、思うままに行うのだから、力を尽くして勉める必要もなかった」と言う。

文王の「勉めてやまず」も、周公の「坐ったまま夜明けを待って実行した(注三)」も、孔子の「私は努力して求める者だ」も、やすやすと成ったように説いたのでは、聖人が百倍の力を用いた苦心が水の泡である。聖人にそのことば（「生まれながらに悟り〜勉める必要もなかった」八、九行目）を聞かせたら、「我を知る者」と言うだろうか、「我を知らざる者」と言うだろうか。

常人は、勉強（力を尽くして勉める）が途切れるし、工夫にすき間がある。ただ聖人は途切れず、すき間がなく、純粋に勉めてやまないので、『中庸』に「生まれながらにして之を知り、安んじて之を行ふ」と称賛したのである。経書の中に、称賛するところもあり、真実のことばのところもある。識別すべきである。

朱子は言う。

「堯は衆人の考えを聞くようにし（『書経』「大禹謨篇」）、舜は他人の善を学びとった（『孟子』「公孫丑上篇」）とは、どうして、いきあたりばったりに行なったようなことだろうか。私はかつて君たちが聖賢の等級を論じて喜んでいるのを見かけたことがある。私からすれば、そのような議論は無意味なだけだ」（『朱子語類』「中庸二」第六章）また説く。

「一日千里の馬も四本の脚で歩くし、駄馬も四本の脚で歩くようなもので、まさか千里の馬が脚を動かさずに千里の先に到るというわけでもあるまい。歩くのがやや速いというだけのことだ」（『朱子語類』「中庸二」第六章）と。朱子のこの説は、真実のことばである。

注一　『論語』「述而篇」に「我生まれながらにして之を知る者にあらず。古を好み、敏にして以て之を求むる者なり」とある。

注二　『論語集注』に引く尹焞《いんとん》（宋代の道学者。程頤の門人）の語。

注三　『孟子』「離婁章句下」の語。もし今日の実情に合わない点があると、天を仰いでは思案をこらし、夜を昼についで考えつづけ、幸いに妙案がうかぶと、坐ったまま夜明けを待って実行した。

五三　才能を隠す

【間話巻之下　三十三丁ウ】

宋の杜衍《とえん》（注一）の門人が県の長官となった。杜衍は訓戒して言った。

「君の才器ならば、一県の長官などは、治めてあたり前だ。しかし、自分の才器を人に知らさず隠して、圭角（突出した才能）を露わさず、正しいことを破ってでも凡人や俗人たちと調子を合わせ、中正（公平）に適うことを求めなさい。そうしなければ、何をしても益がなく、禍をまねくだけだ」

門人は言った。

「先生は平生、直亮忠信をもって天下に重んじられています。今、逆に、私にこのようなことを教えなさるのは、どうしてですか」

杜衍は言った。

「余は多くの役職を歴任して久しい年月を経、上は帝王に知られ、ついで朝野（朝廷と民間）の信用を得たので、わが志を伸ばすことができた。今、君は県の長官となったが、出処進退や喜憂は、高官の酌量にかかる。善良な地方官は滅多にいない。君はどうして君の志を伸ばすことができようか。ただ禍を取るだけだ」（朱子『宋名臣言行録』前集巻七）

これを見れば、人が志を伸ばすのは、時と位とによると見える。

漢の賈誼は、才学政事に通じた豪傑である。けれども、急にその志を伸ばそうとして、公卿大臣の信用もないのに、職務を越えて天下の大事を論じたので、大臣の憎しみを受けて左遷された。賈誼も、杜衍の言のように才器を隠してその職務にあたり、大臣も信用したときに、胸の奥にしまっていたものを発したならば、功業は古今に卓出したことだろう。

今の儒学者は、自分の学がまだ精しくなく、徳がまだ高くないのに、孟子や程頤が師道（師の伝授する道）が厳しかったのを見て、自ら尊大にふるまい、人の礼儀が足りないのを責める。彼らは身のほどを知らない。わが誠を積み、忠を尽くすに及ぶことはない。古今時勢の違いがあるので、古礼で、今の人は責めにくい。

しかし、世に媚び俗に従って、胡広（注二）の中庸を学ぶのではない。また、馮道《ふうどう》（注三）の郷愿《きょうげん》（無学鄙俗で世に媚び、有徳者と認められて、行がともなわない者）を学ぶのではない。ここのところ、公と私、義と利を区別すべきである。

注一　政治改革、綱紀粛正にはげみ宰相となるが、反対派にひきずりおろされる。

注二　後漢の人。三十余年、六帝を補佐した。事体に達練し、王朝の典章をよく理解し、剛直な風格はないが、しばしば欠けたものを補うことに貢献した。ゆえに都で諺に言った、「何事も治まらなければ、胡広に問え。天下の中庸に胡公あり」と。（『後漢書』巻七十四「鄧張徐張胡列伝」）

注三　五代の世、五朝十一人の君主に仕え、宰相を務めた。

五四　解釈句読　【間話巻之下　三十四丁ウ】

経書の解釈や文章の句読などは、後進の学ぶ人であっても、講究したことは古人と符合するのである。『論語』（「学而篇」）の曽子の「三たび吾が身を省みる」の章は、『論語集注』の「三」の字に反切（発音の表示）がないので、「三つ」と読む人がいるが、それでは文義を失う。

「三つ」と読む「三」は、句中にある。「侍於君子有三愆（君子に侍するに三愆《けん》有り）」、「君子有三畏（君子に三畏有り）」の例がある。（『論語』「季氏篇」）

句首に置く「三」は、「三たび」と読むのである。「三以天下譲（三たび天下を以て譲る）」（『論語』「泰伯篇」）、「三復白圭（三たび白圭を復す）」（『論語』「先進篇」）の例がある。

かつまた、『四書大全』（明の永楽帝の命で胡広らが編纂）の注に、朱子の説の明証があるので、私は「三たび」と読むのである。後の伊藤東涯の『秉燭譚《へいしょくたん》』を見れば、これも『四書大全』の注に拠って、「三たび」と読むのが正しいとする。

また、『詩経』「国風」「召南」「行露」の篇、「誰か謂《い》ふ雀に角《くちばし》無しと　何を以て我が屋を穿つや（雀に嘴のなかろうはずはない　ならばどうやって屋根をほじくるのか）」は、『詩集伝』（朱子）に「人皆謂ふ」

と解してあるので、「誰も謂ふ」と読む人がいる。これでは、「誰か謂ふ河《か》を広しと（誰が黄河が広いと言おうか」）（「国風」「衛風」「河広」）、「誰か謂ふ爾《なんじ》に羊無しと（誰がこの君に羊が無いと言おうか）」（「小雅」「祈父之什」「無羊」）の例に適わず、文義も穏当ではない。

『詩集伝』は鄭玄の説にもとづいており、『詩経』の文の反語の辞を、注の文に手軽に従って正語（反語でない文）になおしたのである。「誰も謂ふ」と読むのは誤りである。「誰か謂ふ」と読むのである。厳粲（宋。詩経に精通）の『詩緝』に、反語と説いた通りである。東涯の説を見ると、これも私と符合する。

また、『孟子集注』に「古者《いにしえ》、網罟《もうこ》（魚や獣を捕える網）は必ず四寸の目を用ゐる」とある。その出典を探したが、『四書大全』や諸書には載せない。たまたま『詩経』の会で、「魚麗《ぎょり》」（「小雅」「白華之什」）のことで『毛伝』（漢の毛公が作った詩経の伝）を見たが、「古者、庶人は数罟《そくこ》（目の細かいあみ）ならず、罟は必ず四寸、然る後に沢梁《たくりょう》（沢に設けて魚を捕らえる梁《やな》）に入る」とあった。よって、これを出典と定める。

後に東涯の『盍簪録《かっしんろく》』を見ると、これも『毛伝』を引いて出典とする。東涯は家学（古義学派）を守って、朱子の学とは異なっていたが、『朱子集注』及び『朱子文集』などは十分に読んだ人である。学問は広く通じていて、わが国の儒林の第一人者である。

五五　老仏のことば

【間話巻之下　三十五丁ウ】

『古文尚書』（『書経』）の「舜典」に「玄徳升聞《しょうぶん》す（注一）（奥深い徳がのぼり聞こえた）」とある。「玄」の字は老子の書物中の字で、聖人が言わないものではないかと疑う人が多い。けれども、『詩経』「商頌」（「長発」）に「玄王桓撥《かんぱつ》たり（殷の始王・契《せつ》は勇武あり、天下を治めた）」とある。欧陽脩は言う。「玄は深微（奥深く微妙な所）の称で、老子の言う『玄の又た玄（奥深いうえにも奥深いものから、あらゆる微妙なものが生まれてくる）』がそれである。決してこだわってはならない」「玄」の字は『詩経』にもあるので、老子のことばにあっても、疑うべきではない。かつまた（欧陽脩の）「玄は深微の称で、老子が言う『玄の又た玄』」という説は大変よい。老子であっても仏氏であっても、こだわるべきではない。字は同字同義でも、その指す所は大きく異なる。

朱子は『大学』の「明徳」を説明して、「虚霊不昧《きょれいふまい》（心が空で私心がなく、鏡のように一切を明らかに照らす働きをもつこと）」とした。これは、仏経の『智度論』のことばである。朱子が仏教語を用いて儒学経典を説明することに、理由は要らないのである。「明徳は令徳」と言うのと同じで、さほど深く説いたのではない。

「朱子の説は大変すぐれているが、老仏と混同して区別しがたく、作者の本意ではない」と弁駁する人が多い。これも一理がないことはない。しかし、欧陽脩が「玄の字の説明に決してこだわってはならない」と言うのと同じで、仏教語だからといって、こだわってはならない。

「明徳」は人の美徳であって、『春秋左氏伝』に言う「令徳」、『詩経』に言う「懿徳」と同じというぐらいの説は、朱子はすでに知っていた。けれども、それらの注釈では、千五百年の後に、聖人の道がくらくふさがった状態を開こうとするには十分でない。丁寧親切に、数句を積んで注したのである。

聖人のことばは簡潔なので、義理（正しいすじみち）の精微なところは、もともと含蓄がある。たとえ聖人の本意がそれほど精微でなかったとしても、後世の賢者（朱子）の解明がこのように精密で、学ぶ人が工夫を用い、道理に大きな益があるならば、なんの害があろうか。

これは老荘のことば、これは釈迦のことばなどと言うのは、区々たることばの末である。「虚霊不昧」ということばは仏教語であるが、仏教の言うことは空《くう》であり、儒学の言うことは実である。ことばは同じでも意味は大きく異なる。ましてや「虚霊不昧」の下の「衆理を具へて万事に応ず」ということばは、仏教では「虚霊不昧」に連ねては用いない(注二)。

およそ道理を解明するに、よいことばであれば、老仏申韓を用いても、なんの害があろうか。それは、たくさんの花が蜜をかもし、蜜が成って香色が分けようがないのと同じである。ことばは老仏から出ても、それを融化して中正（公平）の道に帰するのが、学問の活きた手段である。

かつまた、仏氏のことばも、もとの天竺のことばを中国語に翻訳したもので、まったくの西域のことばではない。後世の儒学者は見識がたいそう狭く、老仏のことばはいっさい用いることができないと思い、ことばの末にこだわって朱子を論駁する。これは誤りである。ほかにも、朱子のことばは仏教語を用いたものが多い。こういう考えで見るべきである。

注一 現在では、「玄徳升聞す」をふくむ二十八字は原典に無く『偽古文尚書』（東晋時代、四世紀初期の偽作）を作ったときに付け加えられたものとされている。艮斎の見当は外れていた。

注二 『大学章句』の朱子の注に「明徳は人の天より得る所にして、虚霊不昧、以て衆理を具《そな》へて万事に応ずる者なり（明徳は人が天から得たもので、虚霊不昧な、あらゆる理を備えて万事に応ずることができる徳のことである）」とある。

五六　静と動

【間話巻之下　三十七丁ウ】

仙台の僧徒・梅国は、その著作『桜陰腐談』（正徳二年）に、呉景隆（明代の僧）の『尚直編』（和刻本、寛永十八年）を引いて、朱子の説が仏典から出たとする証拠を挙げた。その中に、「人生れて静かなるは天の性なり。物に感じて動くは性の欲なり（注一）」とある。

これがたとえ仏教のことばだとしても、ただそのことばを変えただけで、その理を変えていない。「虚無寂滅《こむじゃくめつ》（仏教）の理によって、性理（人の本性と天の理）の根本を説いた」と言うのはおかしい。

「人生れて静かなるは……」ということばは、朱子の『詩集伝』の序に載るが、そのもとは『礼記』の「楽記篇」のことばである。『礼記』は漢の儒学者が編集した書物だが、「大学」「中庸」「楽記」の類は、どれも孔門七十子の徒によって成立したと見える。この時は、仏典は中国には入っていないのである。仏教の経典は、後漢の明帝のときに『四十二章経』がはじめて渡った。そのときから中国に仏法が行われた。しかし、「楽記篇」のことばも仏経から出たと言うのはおかしい。語意が似ているものがあると、仏典から出たと言うなら、「中庸」も「繫辞伝」(『周易』)もすべて仏典から出たというのか。

注一　人の心は生まれつき静かで落ち着いたものであり、それが天性なのである。しかしまた心は外物に感じて動き、さまざまに作用するものであり、それは人欲なのである。

五七　志　気（1）

【間話巻之下　三十八丁オ】

宋学の諸賢が曽子を崇敬した理由は、「大学」を伝えたことだけではない。曽子の志気言行を見れば、顔回に次ぐ大賢人とわかろう。大病のとき孟敬子に告げたことばや、門人に教えたことばによって知ることができる。

孟敬子は魯の大夫である。曽子は処士である。曽子の死に臨み、大夫が訪問したのだから、後事を大夫に託すべきだが、ひとことも家の事には言及しなかった。大夫が身を修めて国家を治めることの本を教えた。まさに、一息でもついている間は、道を行い世を救うという志である。

曽子が死んだとしても、孟敬子が曽子の教えを守って魯国を治めたならば、一国の人を救うことができる。（曽子は死にのぞんで、）「予《わ》が足を啓《ひら》け、予が手を啓け」（『論語』「泰伯篇」）と、手足の完全さを門人に見せて孝道を教えた（注一）。その言を守って身を立てて道を行ったならば、曽子が死んだとしても、道は天下後世に伝わるのである。一身の死亡を憂えず、道が後世に伝わらないことを憂えた。大志と言える。

学問は言行一致であることを、第一の要とする。曽子はかつて言った。「士は以て弘毅ならざるべからず。任重くして道遠し（士人は弘毅でなければならない。任務は重くて道は遠い）」（『論語』「泰伯篇」）

曽子が、死にいたるまで聖人の道を天下後世に伝えようと思った度量のひろさは、「弘」である。一息でもついている間は道を守り、死に臨んで簀《さく》（寝台の、ふとんの下に敷くすのこ）を易《か》え（注二）、正道を踏んで死んだ志気の堅強さは、「毅」である。言行一致と言える。その他、『論語』に載る曽子のことばは、どれもさし迫って純粋誠実で、その味は読めば読むほどますます深くなる。

さて今から百年前を見れば、古である。今から百年後を見れば、今は古となる。今の学ぶ人は、生きた古人である。浅学後学の人であっても、聖人の書物を読む人は、志気を強くし、聖人の道を守り、ひとすじの今にも失われそうな緒を継ぎ、後の英傑を待つべきである。

当今、学ぶ人が儒学を守らなければ、誰が守られようか。天が才能を生むことは、いつの世でも、無いことはない。新進後生にどのような豪傑が出るかは測りがたい。隗より始めて（手近なことから始めて）、仁義の実践をあきらめてはならない。

注一　『孝経』「開宗明義章」に「身体髪膚、之を父母に受く、敢て毀傷せざるは、孝の始なり」とある。

注二　曾子は死に臨んで、季孫から贈られた大夫用の簀を身分不相応のものとして、粗末なものに易えた。（『礼記』「檀弓上篇」）

阪注　「四一　礼楽」からこの話まで、学問論のようにも読める。

※

今より百年前を視れば、古なり。今より百年後を視れば、今は古となる。今の学者は生きたる古人なり。

五八　恩

【間話巻之下　三十九丁オ】

昔、琵琶法師がいた。ひとり山中を行き、道に迷って人家に到ることができなかった。日もすでに暮れつつあり、ねぐらにいる鳥の声がまれに聞こえたので、大木の根に腰をかけ、琵琶をとり出した。大木に対して、

「道に迷ったので、やむをえず、今夜はここに宿を借ります。つたない調べですが、一曲を奏でて宿を借りた恩にお礼をします。これはわれらの法です」と言って、大木の下で『平家物語』を一曲弾じた。この法師の志は篤いと言える。

今日三度の食事をし、居宅に住み、冬夏の服を着、妻子を養うのは、誰の恩であるか。朝夕職業にいそしんで、その恩に礼せずにいられようか。

経書の注釈や詩賦文章の類は、古人が著したもので余りあり、後学が別に筆を執るには及ばない。しかしながら、経学詩文に心を用い、思うことを著述して、世に万に一つでも補うことがあろうかと、その職分を尽くして泰平の恩沢に報いるのは、これもまたわれら儒学者の法と言える。

阪注　人が相互に行うべきこと（義）を行い、物や事の満足できる関係には、当然、双方が満

足する心の関係も共存する。先方からの気持ちを恩と言い、こちらからの気持ちを御礼と言う。物事の相互関係と心の相互関係が共存してはじめて、君臣の義もなる。雇用者と被雇用者、社員と会社の関係も同様である。君臣の義が完成していれば、単なる勤労と対価の関係を超える。「この人のために死んでも、命は惜しくない」(「七六 臣下を慈愛する」)。現代でも、この人のために一肌脱ごうとか、会社のために皆で頑張ろうなどと言うのは、労働と対価の関係より、恩と御礼という心の関係を重視しているからである。「二二 君臣(1)」の中で、日本の君臣の礼義が中国より勝っていると言われるのは、物心両面の関係では、日本人は心の関係を重んじるということになる。「七九 怨みに報ゆるに徳を以てす」も参照。

天保十二辛丑年(一八四一)晩春発兌

三都書林　京都寺町通松原下ル　勝村治右衛門
大坂心斎橋通安堂寺町　田中太右衛門
同　岡田　茂兵衛
江都通新石町　高　橋　源　助

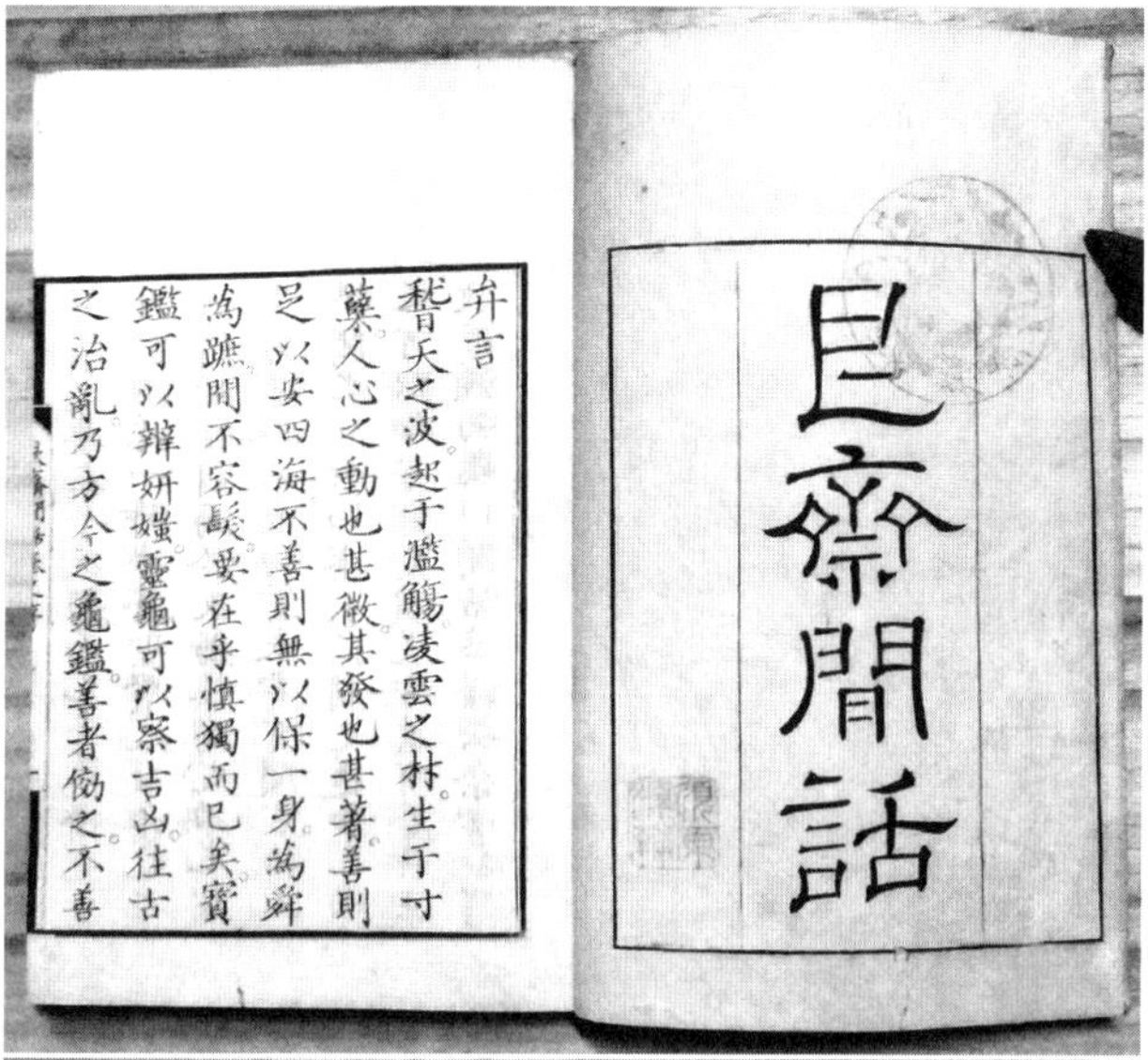

弁言
稽天之波起于濫觴凌雲之材生于寸
蘗人心之動也甚微其發也甚著善則
足以安四海不善則無以保一身為舜
為蹠間不容髮要在乎慎獨而已矣寶
鑑可以辨妍媸靈龜可以察吉凶往古
之治亂乃方今之龜鑑善者傚之不善

艮齋間話

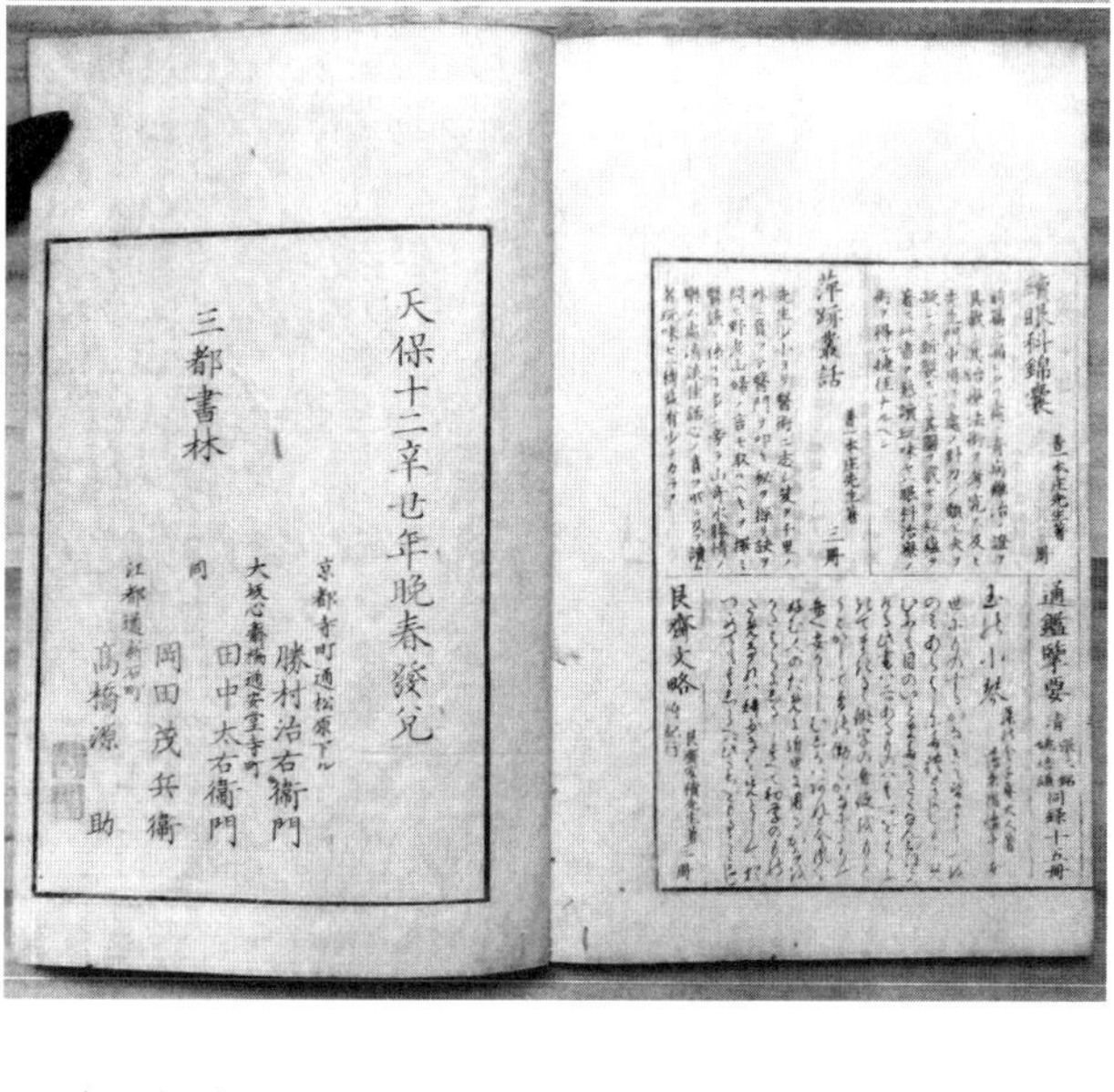

天保十二辛丑年晩春發兌

三都書林
京都寺町通松原下ル　勝村治右衛門
大坂心斎橋通安堂寺町　田中太右衛門
同　岡田茂兵衛
江都通新石町　高橋源助

増補眼科錦嚢
萍蹤叢話　三冊
通鑑擥要
玉山小琴
艮齋文略

艮斎間話　続

序

森田　楨

私は若いときから艮斎先生に親炙し（親しく接して感化を受け）、長年ねんごろにご教導を賜っている。私は才質が魯鈍で、そのことばは、生きているやら死んでいるやら、一念発起するたびに反省し、これまで憂憤しないことはない。

ある日、先生は『許魯斎文集』を読んで言われた。

「私は幸いに自得することがあった。いつも人に語っても、聞く者がぼんやりしてそれを意に介しないのは、私がいろいろな工夫がないからだ。人が道理を了解できないのは、あたりまえだ」

私はこのことばをそらんじて、激して机をたたき、感悟して言った。

「ああ、ただ私が魯鈍でそうなっているだけでなく、そもそも先生がいろいろな工夫がないからだとは」

先生はかつて『艮斎間話』二巻を著し、すでに刊行した。今またこの編があり、私は拝受してこれを読んだ。その微意（奥深い心）のありかは、まだ了解できていないけれども、時に心が通じ、ひとり、自分が過去の比ではないことを、みずから感ずるのである。よって先生に求めて、これを出版して同志に示すこととした。

さて先生の学徳が盛んなことは、もとより私の文を待たない。ただ、久しく親炙しているので、その一端をうかがい知っている。先生の学は、みずから実行し、心で獲得することを要とする。すでに自得したとしても、まだ決してすぐにはみずから信じず、かならず体験を久しくして、その後に、それを本に書く。だから、一時の筆のすさびにかかるものであっても、すべて平正切実で、肺腑の中から流出する。およそ耳目で知るだけの者が、ほんのりと見るものではない。

私が今後ますます鞭打って励み、先生の学問を学び、本当に心を集中して研鑽できて、久しくして自得したならば、先生のことばに、きっと感情がひとりでに湧き起こってたいそう喜び、手で舞い足を踏みならすひまもないだろう。どうして、ただ牛豚の肉がその口を悦ばすだけのことと同じであろうか。

よって深く拝し、序文を書くことで、みずから励まし、かつまた読者に対し、この編を尋常の間話(とりとめのない話)と見なさないように求めるのだ。

嘉永二年(一八四九)六月、門人森田楨(注一)謹んで記す。　印(森田楨印)　印(咬菜軒)

注一　通称楨蔵、号訥窩、室号咬菜軒。小川町の私塾で教授した。

艮斎間話続　上

東奥　安積　信

五九　乱世の艱難

【間話続上　一丁オ】

泰平の世に生まれ、腹いっぱいに食べて腹鼓をうち、いにしえの乱世の艱難を忘れているのは、ふとどきなことである。大道寺友山（一六三九〜一七三〇）が若いときは乱世で、武士だけにかぎらず、農工商の三民、そのほか僧侶の徒にいたるまで、艱難な境遇にあった。

今の世の武士は、精白の米の飯に味のよい味噌汁をそえ、おかずを好み、そのうえに美酒を飲む。身には衣服を重ね、冬は掛け布団を用い、夏は蚊帳をはる。昼の勤めも敷物の上の奉公なので、格別苦労のこともない。このような恩沢に浴しても、なお不足を言う人もいる。乱世の武士は、臼や杵がないので玄米である。味噌がないので塩をすすり、魚やおかずはまだなかった。

陣営の中は、わずかに風雨をおおうだけで、下は薦《こも》をしき、寝具すらなかった。大坂冬の陣は寒気が骨身にとおり、夏の陣は蚤や蚊に攻められた。時として甲冑のままで仮寝し、かけがえのない身命を塵芥のように思い、父母妻子に別れて軍旅に日月をおくった。その辛苦はいかばかりか。農民らも乱世には軍役の労が多く、農事のいとまもない。国君領主の数度の戦いに、歩兵雑兵が戦死すれば、領内の民をこき使って、その欠けを補う。その妻子の憂苦を想像してみよ。

小田原の陣の後、徳川家康公転封のはじめは、関東の人民の艱難の体は、目も当てられないありさまだった。その所の名主百姓らの家は、床《ゆか》をはり畳などをしいた家は一軒もなかった。男女ともに、身には布を着て、縄の帯をしめ、藁で髪を結っただけだった。

後世になって、農家でも床をはり畳をしき、衣服も華美になり、髪は元結（もとどりを結い束ねるのに用いる紐）を使い巻油《まきあぶら》をぬるようになった。昔とは天と地の別である。武士でも昔は掘っ立ての家で、土間に藁をしいて住んだ。遠国ではそのかたちは四、五十年前までは残っていた。ましてや民の家屋は荒れはててむさくるしかったと知られよう。

もろもろの工匠も、武具馬具の類をつくって生業にする者がいるが、家の建築などに華美を尽くす人はいないので、匠の人は需用がすくない。陣営をつくり城郭を築くのも、兵卒が力をつくして造営するので、工匠は武家に仕えて、わずかに暮らしを立てていたのである。後世では、種々の器物をつくり、漆塗りや彫刻象眼の巧みをきわめ、価格も高く流通して、暖衣飽食にふけるようになった。みな泰平の世のおかげである。

商人はなおさら、乱世では、艱難がことばで言い尽くせない。天下が分裂している世は、諸国へ通商することも自由でなく、その国の売買すら便利でない。そのうえ強盗も多く蔓延し、強奪にあうので、富裕の商人は、財貨を置く所に苦心したのである。

また、金銀の借用ということも成立しにくい。武士は時々の合戦のため、明日の命も知りかねるので、ものを貸す人もない。また来春までと証文を出しても、信じがたい世なので、商人らも金銀を貸し利息を収めることもできない世の中だった。ことに敵兵が乱入したときは、放火し貨財を掠奪することもあり、後世のように安居して商売することができなかった。その辛苦が知られよう。

農民は税を納め、工匠は武器をつくったので、乱世でも無くてはならないものであった。商人は有と無とを行き来させるので、これも無くてはならないものであったが、商人は少なくとも事足りるので、乱世のときは商人はことに艱難であった。

泰平が久しかったので、自然と奢侈になっていった。それゆえ商人の道は盛んに開け、その利得は乱世に百倍し、何事をもなさず遊びくらし、金銀を多く集め、素封家の富をきわめている。高位高官の人もその富饒には遠く及ばず、逆に商人に俸給を仰ぐようになったのは、みな泰平の世だからである。

僧侶の輩も乱世では麻衣にわらじで、わずかに一命をつないでいただけである。後世のように紅紫の衣を着て、従僕を多く養い、安穏であるのは、みな泰平の世だからである。

保元平治の乱以来、四百余年の間乱世がうち続き、四民がやすまったときは非常にまれであった。足利氏の末になると、天下が瓜を切りさいたようにわれ、鼎の湯が沸きかえって、三十余の英雄（戦国大名）が割拠するに及び、大乱がきわまった。積まれたむくろは山をなし、漉《こ》した血は川をなした。四民の艱難労瘁《ろうすい》はいかばかりであっただろう。

豊臣秀吉の朝鮮の役が起こったときは、十余万の兵が異国の地に七年も苦戦した。加藤清正の蔚山《うるさん》籠城は極寒のときで、皮膚は凍瘡になり、兵糧は尽き、水路は切れ、城の池の、しかばねが沈み血がまじった水を吸ってのどをうるおし、死人の腰の兵糧を探り取って食べたなどという。その艱難は、ことばで言いあらわせるものではない。肥前では数十年も兵が駐屯し、六十余州から兵糧を船で運んだ。人民の艱苦もまた知られよう。

このような乱世の塗炭の苦しみからぬけだし、四民みな泰平の恩沢に浴したのは、徳川家康公の恩徳が天地と同じくきわまりないからだね。四民ともにこの大恩を朝夕忘却せず、泰平の恩沢をありがたくおしいただき、乱世の困苦を忘れず、おのおのその職分を勤め励むべきなのだ。

六〇　東方精華

【間話続上　四丁オ】

わが国は極東の大海に屹立し、外国と土地の境を接しない。寒暖の節は中《ちゅう》を得、正帯（温帯）の国にして、五穀百貨みな豊かに殖える。ことに皇統が連綿として万代一王という尊さは、五大陸中におそらく比べるものがあるまい。

中国は領土が広大で国も早く開け、多くの聖人が起こり仁義礼楽文物が盛んである。これは諸国が及ぶものではないが、乱世が多く治世（よく治まった世）が少なく、歴代の帝王がいくつ王朝を交代したかは、数えきれない。

宋代・九八四年、僧の奝然《ちょうねん》が海を渡って中国に入り（宋の商船に便乗した）、日本の『職貢』『年代紀略』各一巻を献じた。太宗は奝然を召見し、非常に厚くもてなした。太宗は、日本国の王が一姓を伝え継ぎ、臣下が皆世襲の官職であることを聞いて、宰相に言った、

「王位がはるかに遠い昔からあり、その臣もみな世襲して絶えないというのは、つまり古の道なのである。中国は唐の末から天下が分裂し、梁（後梁。五代の最初の王朝）周（後周。五代の最後の王朝）五代は、とりわけすみやかに歴運をうけ、大臣の子息が世襲できたのが少なかったのは、嘆かわしいことだ」と。これは『文献通考』（古代から一二二四年までの諸制度の沿革を記した書物）に見える。

わが国は人物や風俗がすぐれ、諸国に超越している。「官職はみな世襲の官職と俸禄で、漢制にしたがって刺史（郡を督察する）千石を名目とし、俸禄が厚いので廉潔の心を養うに足り、それゆえ法を犯すことが少ない」「男女の眉目や肌のきめは、諸々のえびすとは比べようがない。実に東方精華の気が集まる所」と清の陳資斎の『海国聞見録』（一七九八・上巻「東洋記」）に見える。

程赤城（明の船主）は長崎に二十余年も来航し、老年になってもなお来航した。長崎の人がそのわけを問うと、

「私の妻子も老年にて外国に交易するのはやめるべきだと諫めるが、日本の酒はわが国が及ぶものではない。味噌は勿論ない。香の物もわが国の品は風味が悪い。数十年日本に来航して食べているので、故郷には帰りがたい」と言った。

黄檗宗の隠元禅師はわが国に帰化した。中国にいたときは多病で、毎日独参湯《どくじんとう》（人参の一種を煎じてつくる薬）を飲んだが、日本に来て毎日味噌汁を食べてからは、身体が強健になって、独参湯を用いる必要がないという。

味噌は中国には無いと見える。明の薛俊の『日本寄語』は、わが国の言語を訳した書物である。その中の食物に、味噌の訳は無い。塩豉《えんし》は幽菽《ゆうしゅく》（調味料。蒸した大豆を塩漬けにし、発酵させて半ば乾燥させたもの）で、わが国の納豆である。

中国は三代（夏殷周）聖人（孔孟）の世から漢魏にいたるまで、上下の常食はみな稷《きび》である。稲の米は常食することができなかった。尭舜三代が都を置いた所は西北高原の地で、旱田（水の無い田）が多く水田が少ない。もっぱら稷を食べたので、五穀の官（農事を掌る長官）を后稷《こうしょく》と言った。稲は嘉蔬《かそ》と称し、錦の衣に相当するほどの珍食とした。だから、周礼に稲人《とうじん》（田を治め稲を種えることを掌る）の職があり、漢に稲田使者がある。後世、呉越の地がたいそう開け、水田が多く稲も多く生育したが、西北の地は稲は少なかった。

わが国のように稲米を常食する国はまれである。先年、尾張の船頭の長吉が漂流してロシアのカムチャッカに着いた。その地の者が言った。

「あなたは帰帆したならば、留守中に牛羊がおびただしく繁殖していよう。日々それを食うのは、うらやましい」

長吉は言った。

「わが国は日々米を食い、牛羊はあっても食わぬ」と答え、えびすは、

「この世界に日々米を喰う国があろうか。いつわりを言うにもほどがある」と大笑いした。カムチャッカでは、麦の団子に獣肉を食べるのである。米はわずかに広東から交易して、病人が食べ、または佳節に少々食べるのである。

酒も中国は黍《きび》でつくる。黍は二月にうえて八月に実る。これで酒をつくるので、酒の字は水に従い酉に従う。酉は八月である。黍の字は「禾、水に入《い》る」という意である。その酒の薄さが知られよう。銅鉄もわが国の精良なものには及ばないのである。

およそこの類は、わが国が外国よりも群を抜いてすぐれているところである。これほど尊い国に生まれて、国の尊さを知らないのも、治世に乱世を忘れることと同じである。人は国の恩を思って職業に勤め励まなければならない。

六一　人　情　【間話続上　六丁ウ】

国が異なれば風俗人情も異なるので、この国が好悪するものと、かの国が好悪するものとが、あたかも十指を並べたかのように食い違うのである。人情（人の気持ち）に通じなければ、上が下を治めることはできない。また、人と交わっても、和合することは難しい。

わが国の人が朝鮮の人に、

「貴国の国王の庭にはなにが栽えてありますか」と問うた。

「麦を栽えています」と答えた。

わが国の人は退いてから、

「国王の庭であれば、きっと珍花奇木、牡丹芍薬の類を栽えているだろうと思ったが、百姓家のように麦を栽えるとは、まことに朝鮮はひなびた夷狄の国だ」と大笑いした。

朝鮮の人は退いてから、

「日本人がわが国の王の庭になにを栽えているかと問うたので、わが王が民を愛し、農事の艱難を気にかけている美徳を挙げようと思って、麦を栽えていると答えた」と言った。

また朝鮮の酒はうす酒である。わが国の美酒を飲ませて問うたら、深く賞美せず、逆に朝鮮の酒を美味と言う。これも、彼らは平生うす酒を飲み慣れているので、わが国の美酒をほめないのだ。国が異なれば人情も異なることが知られよう。わが国内においても、土地が異なれば、人情も同じではない。風俗人情に通じていなければ、物事が行き違うことが多い。

上が下を治めるのも、これと同じである。ある諸侯が旅をしたとき、早く寝て疲れをとれば、下々までも労苦はなかろう、だから早く宿を立ち出でて、早く宿に着くのがよい、これが下を恵む道である、悦ぶだろう、と思った。早く宿に着いて昼のなかばから蔀戸《しとみど》を下し、ともしびを設けて寝ても、下の者はわが心がままならない。人の寝る時間ではないので、寝にくい。ことに昼のうちは騒がしく、往来の人も絶えず、世の人にそむいて「寝よう」とも言いがたい。そろそろ寝つく頃、その君主ははや起き出して、夜半に供ぞろえして出るので、下々は大変迷惑した。

下を恵む心があっても、上の心で下を見るから、こうも食い違うのである。恵む心があっても、下の心を知らないと、こういうことになる。

孟子が「仁愛の心があり仁者だという評判の高い諸侯でありながら、人民がいっこうにその恩沢をうけないのは、先王の道（仁政）を行わないからである（注一）」と言うのは、このことだ。ゆえに人情に通じ、実徳（実際上効果ある恩徳）を行うことが重要なのだ。

注一　『孟子』「離婁章句上」に「仁心仁聞有りて民其の沢《めぐみ》を被らざるは、先王の道を行はざればなり」とある。

六二　忠　信

【間話続上　七丁ウ】

古の聖人で孔子より盛んな人はいない。孔子の書物で『論語』より貴いものはない。『論語』の中に「忠信」の二字がもっとも多く見える。だから、学ぶ人が力を用い身を修める枢要と知らねばならない。

『論語集注』（「学而篇」）に「己を尽くすを之れ忠と謂ひ、実を以てするを之れ信と謂ふ（自分の誠意を尽くすのを忠と言い、誠実さで対応するのを信と言う〈注　朱子による忠信の定義〉）」とある。人は天与の性質、智愚、賢不肖がさまざまに異なっている。たとえば金属に黄金もあり白銀もあり銅鉄もあり鉛錫もある。これは天然の性質である。鉛は鉄にならず、銅は黄金にならない。

聖賢が人を教え、主君・父が臣・子を責めるときは、「鉛を鉄にせよ」とは言わず、「銅を黄金にせよ」とは言わない。ただ鉛には鉛の用があり、銅には銅の用がある。その天性の分を尽くし、その用に達することを忠信と言うのである。

臣が主君に仕え、子が父に仕えるときも、心力を尽くし、わずかも怠惰の心がなく、わが十分を尽くすのである。わが心力がもはや尽くせないならば、聖賢も分外のことは責めないのである。ただ銅鉄にはその良い所があり、また悪い所がある。その悪い所を鍛錬して除き去り、その良い所が存するように、わが心身を錬磨して、その力量を尽くすよりほかはない。

もし鉛の質であっても鉄の用に使い、銅の質であっても黄金の用に使おうとすれば、鉛と鉄とがまじり、銅と黄金とがまじり、にせものとなる。表裏の違いがあっては、忠信ではないのである。忠信とは、白いものは白く、赤いものは赤く、黒いものは黒く、内から外にいたり、本から末にいたるまで、はっきりと見通せて分かり、毛髪ほどもまじらないものを言うのである。

もし鉛の身であっても鉛の用を尽くさず、銅の身であっても銅の用を尽くさず、怠慢するのは、忠信の道ではない。ただ自分の心力を尽くせばよい。この工夫（修養）がまじり気なく熟すれば、誠の徳にいたるのだ。

注一　『日本朱子学派之哲学』に「儒教に対する一種の見解といふを得べし」とある。

注二　令和二年艮斎没後百六十年を記念し、艮斎書幅「忠信不欺是修身之要、循理無私乃処事之本」（安藤智重蔵）を刻した碑を安積国造神社に建てた。「忠信にして欺かざるは是れ修身の要、理に循《したが》ひて私無きは乃ち事を処するの本なり（わが心力を尽くし、誠実に行ってあざむかないことが、心身を修めるための要であり、道理にしたがって私心がないのが、事を処置するための本である）」

❊

古の聖人孔子より盛りなるはなし。孔子の書、論語より貴きはなし。論語中忠信の二字尤も多く見えたり。されば学者の力を用ひ身を脩むるの枢要と知るべし。

聖賢の人を教ふる、君父の臣子を責むる、鉛を鉄にせよとはいはず、銅を黄金にせよとは云はず、只鉛は鉛の用あり、銅は銅の用あり。其の天質の分を尽くし、其の用を達するを忠信と云ふなり。

銅鉄は其の良なる所あり、又あしき所あり。其のあしき所を鍛錬して除き去り、其の良なる所を存する如く、吾心身を錬磨して其の分量を尽くすより外なし。

忠信は白きは白く、赤きは赤く、黒きは黒く、内より外に至り、本より末に至るまで、洞然として毛髪の雑はり無きを忠信と云ふなり。若し鉛の身にて鉛の用を尽くさず銅の身にて銅の用を尽くさず、怠慢するは、忠信の道に非ず、唯吾心力を尽くすべし。此の工夫純熟すれば、誠の徳に至るべし。

六三　倹　素（2）

【間話続上　九丁オ】

古の聖人は智識が万物に広くゆきわたり、天下の理に通じないことがなかった。だから経世済民（世の中を治め人民を救う）の才も高く、国を富ますための奇策妙計もあっただろうと思う。しかし、四書五経に載せるものを通観したが、奇策もなく妙計もなく、まことに平常のこと、誰もが知ることである（二五・阪注）。

誰もが知ることではあるが、十分に行う者は、天下にまれである。ただ聖人は十分にこれを行うので、国は富み民は満ち足りるにいたる。これが聖人たる所である。

『論語』（「学而篇」）に「用を節す（費用を節約する）」とある。『周易』（「節」）に「節して以て度を制すれば、財を傷《やぶ》らず民を害せず（節度を保って制度をたて定めれば、財物を傷つけ民生を害することを防ぎ得るのである）」とある。『礼記』（「王制篇」）に「入るを量りて以て出だすを為す（収入をよく見定めてから支出を行う）」とある。聖人の経世済民はこれに過ぎない。誰もが知ることであるが、実地に行うとなると、たいへん難しい。

宋の李沆は一代の賢臣だが、『論語』（学而篇）の「用を節して人を愛す（費用を節約して人々をいつくしむ）」の一語は、「私が終身行っても、やり尽くすことはできない」と言った。衣服飲食宮殿から

上

多くの玩好の器物にいたるまで、人欲は限りがなく財用（金銭物資）は限りがある。限りがあるものを限りがないものに供すれば、財は尽き民は窮するにいたる。古の明君はみな克己（自分のわがままや欲望にうち勝つこと）して、このところを行ったのである。

漢の文帝は呂氏の乱を承け、財用がたいへん乏しかった。文帝は恭倹で、百金の費えを惜しんで、露台（屋根のない高台）を造らなかった（注一）。上書を入れた袋を集めて帷幕《いばく》（ひき幕とたれ幕）をつくり、寵愛した慎夫人は、衣服は地をひきずらなかった（『三国志』「文帝紀」）。

これによって国は富み民は豊かになって、国家の食糧貯蔵庫の粟は山のように積まれ、赤く腐って食べられなくなってしまい、銭は銭さしが朽ちて数えられなくなってしまった。漢四百年の間、文帝の時よりも盛んなことはなかった。このように、ただ節約を行うだけで効力があるのだ。

武帝になって、驕奢をきわめたので、金銭は尽き資材は乏しく、天下は困窮し、高官が手当の金品を商人に仰ぐようになった。それで、桑弘羊《そうくよう》・孔僅の徒を寵用した。この輩はみな財利計算に長じ、奇策妙計を工夫して、いろいろと税金を絞りとる政を行って、国家の費用を足し上げた。「人頭税を増やさなくても国家の費用は足りる（注二）」と言ったのは、奇策妙計である。

しかし、上（身分の高い人）の驕奢をとどめずに、ただ税金を絞りとる政を行い、民の膏血（人民が苦労して得た利益・財産）を減らして万民が困窮すれば、人頭税を増やすよりもその害ははなだしく、国家の根本の気が消耗するのである。

唐の世においても、宇文融・楊慎矜・裴延齢の徒を重用して、国家を破壊した。陸贄（唐の官僚）の言に「民は国の本、財は民の心である。民の心をやぶったならば、国の本がやぶれる。国の本がやぶれたならば、枝幹がやせ衰えて根もとが抜ける」（朱子『四書或問』巻二）とある。

呂希哲（北宋の政治家・儒学者）の「小人は租税を絞って集めることで、人主の欲を助ける。人主は悟らず国に利益があると思って、小人がついに害を及ぼすことを知らないのである。小人が忠義に励むのをほめて、小人の大不忠を知らないのである。小人が自ら進んで怨みを引き受けるのをほめて、その怨みが上に帰着することを知らないのである」（朱子『四書或問』巻二）という言は、きわめて適切である。

明の太祖は、散騎（天子の輿にそい、専ら可を進め否をやめさせることを掌る）舎人（天子の侍従）の衣服があざやかできれいなのを見て、「どのくらい費やしたのか」と問うた。「五百貫文」と答えると、太祖は大変驚き、「五百貫文は農夫数人の家の一年の資である。これを一衣に費やすとは、驕奢がはなはだしい」とひどくしかりつけた。

徳川家康公が駿河にいたとき、一小姓の臣が美麗な袴を着て出仕した。家康が、「それはなんというものか」と問うたので、小姓は、

「茶宇縞《ちゃうじま》（琥珀織りに似て、軽く薄い絹織物）でございます」と答えた。家康はけしきばみ顔色を変えて、

「上も知らない美麗な服を着るとはなにごとか。天下が久しく乱れ、万民が塗炭の苦しみを受けて、近年天下がやや治平に向かったが、はや驕奢の心が生じたのは乱の端緒である。左様の奢れる者は、左右にいてはならぬ」とひどくしかりつけた。ありがたい、広大な威徳である。

家康は、御白小袖は、洗いすすいだ衣を召された。あるとき、英勝院（家康の側室）が言上した。

「御白小袖は、下々の者に洗わせるのは恐れ多い。御側女房たちに洗わせれば、やわらかい手から血が出て煩わしい。たくさん衣服があるので、洗わせなくとも」と言った。

家康は聞いて、

「愚かな女どもは合点がいかないかもしれぬが、みな出てきて聞きなさい。『天道奢《おごり》を悪《にく》む』（『太平記』巻二「長崎新左衛門尉意見事」）という。女房たちは駿府の御蔵だけを見ても、多いと思うであろう。京大阪やそのほかの御蔵に、山のように積み置かれているので、毎日百匹ずつ召したとしても意のままであるが、諸人への慈悲と代々のためを思っての儀である」と上意があった。これは、まことにありがたいご盛徳の事である。

このように恭倹にあらせられたので、万億年の泰平を開いたのである。すべて明君が倹素をたっと

び、奢侈をいましめたのは、つまり聖人の経世済民の意を十分に自得していたからである。君主がこうなのだから、臣士はなお倹素を守るべきである。

注一『史記』「孝文本紀」に「孝文帝が位に即いて以来、宮室・苑囿・犬馬・衣服・調度品など、すべて先帝より増したことがなかった。禁制のうちで、民に便利でないものがあると、そのたびに禁令をゆるめて民の利をはかった。ある時露台を作ろうと思い、工匠を召して見積らせると、その値が百金であった。すると帝は『百金は中流の民家十軒分の財産である。朕は先帝の宮室を承けついで、わが不徳のためにこれを辱めはしないかと恐れている。どうして露台などを造る必要があろうか』と仰せられて、ついに露台は建設されなかった」とある。

注二『資治通鑑後編』巻七十六、王安石の言に「賦を加へずして国用足る」とある。

六四　半途にて怠れば……

【間話続上　十一丁ウ】

梅には梅の、愛すべき香色がある。桜には桜の、愛すべき香色がある。桃李海棠の類にも、おのおのそのよい所があるので、その本色のままを佳しとする。もし梅に桜の花が咲き、桜に桃の花が咲いたりしたら、不気味である。

人もこのようなものだ。武士は武士、儒者は儒者、医者は医者とその本職を守り、心力を尽くして、ほかに遷ってはならない。その業を勤める者は、六十になっても七十になっても志を怠ってならない。

半途にて怠れば前功を失い未熟にかえる（注一）のである。たとえば急流を船がさかのぼるようなものだ。手をはなし櫓を停めれば、たちまち下流へもどるのである。

昔、一人の武士がいた。七十歳を越えても、日々弓を射た。人がこのわけを問うと、「私はしばしば戦場に臨んで、あるときは太刀、あるときは槍の功を立てたことがあるが、いまだ弓で功を立てたことがない。弓は聖人の制作（黄帝の発明）と聞く。このあとの戦いに、弓で功をあらわして冥途の土産にするのだ」と言った。

武士は行住坐臥ともに武道の心から離れてはならない。徳川頼宣は古歌を引いて、もののふのさくらがりしてかへるにはやさしくみゆる華うつぼかな（武士が桜狩りをして帰ってゆくのには、靭〈うつぼ・へちま形の盛り矢具で腰につける〉に桜花を一房さしているのが優雅に見えることよ）（『沙石集』〈一二八三年〉第五ノ二十二「連歌の事」。写本〈米沢図書館本〉に載る。発句は後藤基政の作）この歌の心でふるまうべきであると言った。まことに、武士が花を観るにも、馬にまたがり弓をとって香雲《こううん》の間に逍遥するのが、真の風流である。あるいは遊芸を好んで日月をむなしく過ごせば、その芸に精巧でも、梅に桜の花が咲いたようで、その本色を失うのである。

昔、ある大大名の世子が猿楽を好み、たいそう巧者だったので、酒井忠勝（江戸初期の大老）を招いて世子の舞を観せた。忠勝は一言もほめなかった。中頃になって、その家老に対して、

「世子の手ぎわはもう見た。ほかの人に代わらせなさい。堂々たる大国の世子が、女子や幽霊などの真似を上手になさったからといって、なんの益があろうか。武門に生まれた方は、国家を治め軍を指揮する稽古こそ肝要である」と言ったのは、さすがに賢相の言と言える。

しかし人は貴賤の別なく、心が楽しむものが無いわけにはいかない。琴棋《きんき》書画（士大夫が身につけるべき琴と碁と書と画の四芸）のようなものは、風流清雅の楽しみで、精神を養う一助ともなるまでである。ただ軽重をわきまえ、武士の本色を失ってはならない。

注一　「半途にて怠れば前功を失い未熟にかえる」は艮斎の格言として知られている。「途中で努力を怠れば、それまでやったことがすべて無駄になって、始めたときの未熟な状態に戻ってしまう」の意。

阪注　「六一　人情」からここまでは、物事や人にはそれぞれ特徴があることが主題のようにも読める。

六五　武　名

【間話続上　十三丁オ】

古の勇士は、死後までも武名の芳りを残そうとした。三方ヶ原の戦いのとき、石川数正は織田信長の援軍となって遠江国にむかった。武田信玄が遠江国に入ったと聞いて、数正は兵を返した。昔美濃国の土岐の家にいたという浅岡某が、弓矢に長じた精兵と知られていたので、数正は彼を訪ねて、「こたび本国に帰れば、かならず戦死するであろう。しかしながら、田舎に生長したかなしさよ、軍陣に臨んで、ゆがけを挿し緒を結ぶ法をまだ学んでいない。死後に、『某《なにがし》は弓矢の法を知らぬ』と敵に笑われることは、死後の恥辱である。願わくは、指南を受けたい」と言ってその法を学び、昼夜馳せて三方ヶ原の戦いに遇った。

信玄はこのことを聞いて、

「武士の家に生まれて、その道をたしなむことは、誰もがこうありたいものだ」と賞嘆した（注一）。

昔、新羅《しんら》三郎（源義光）に笙の秘曲を学ぼうと、豊原時秋はあとを追って東下し、足柄山で秘曲を学んだ。これは芸の世界の雅談である。数正が射法を学んで合戦に臨んだのは、武門の英風である。どちらもその道に心を尽くした、殊勝なことである。

この数正は、徳川家康の世子（信康）が人質となって駿河国にいたとき、「今川氏真《うじざね》は、信長と家康が和睦したことを聞いて大変怒り、世子を殺そうとしている」という風説を聞いた。数正は、「わが主のおそばに忠死する者がいないのでは恥辱である」と単騎で駿河国におもむいたほどの忠勇の士である。

しかしながら、後に豊臣家に属したのは不可解である。ある人が言う。

「数正ほどの忠勇の士が、どうして利禄に心を動かして豊臣に従おうか。これは深意があることで、敵に降ったのも忠義のためと見える。しかし、その事跡について、これを論じその心を知る者がいないので、長く悪名を受けた。あわれむべきことだ」この言の是非は、いまだ知りがたい。

注一 『常山紀談』巻之三「石川数正浅岡某に韘《ゆがけ》の緒の結び様を習ふ事」には、信玄の賞嘆が載らない。

六六　誠意慎独

【間話続上　十四丁オ】

人は清淑な（清らかで良い）陰陽の気が生んだものなので、人の心ほど霊妙なものはない。ゆえに、仁義の理はみな心中にもとからあるものなので、親に向かえば孝愛の心が生じ、君主に向かえば忠敬の心が生じ、子弟に向かえば慈愛の心が生じる。これは天から与えられた本来の理で、外から強いて人為を加えたものではない（二五・阪注）。

しかし、私意のためにおおわれて、善と知っても行わず、悪と知っても去らず、ついに小人に陥るのは、誠意の功が無いからである。誠意の功は、善と知ればかならず行い、勇往直進して私意を交えず、内外一致、表裏貫徹して、自分が知るところの善を十分に行うことである。

もし善と知って行わず、悪と知って為せば、わが本心をあざむいて、小人に陥る。これを自欺《じき》という。あるいはやむを得ず善道を行い、あるいは名利から出て為すことは、私意が内に伏しかくれて、あたかも盗賊を家にたくわえているようなものである。だから善を行うということは、みな善で私意がまじらず、あたかも天日（太陽）のように胸中が快活なものなのだ。

小人が悪事を為したならば、美事とは思わないはずだ。わが心には善悪が明らかであり、あざむくことができないのである。君子は十分にこの所を精察し、善を好むのは美貌を好むように、悪をにくむのは悪臭をにくむようにする。だから、君子は日々に善に進み、小人は日々に不善に陥る。はじめはごくわずかな違いだが、後には雲泥の別となる。だから、誠意は善悪の関所と称する。

孟子は言った、

「聖人と大泥棒のわかれめを知ろうと思えば、外でもない。ただ、利益ばかり漁るか、善いことをするかの違いだけである」と(注一)。

この「間」の字は、つまり「関」の字の意味である。利か善か、一念がわかれるところから、舜のような聖人となり、蹠のような悪人となる。恐れるべきだね。

昔、北条早雲の家訓に、

「人は『影の勤め』ということが肝要である。親の前に出ては恭敬の態をなし、退いて親が見ていない所では気ままな行いをし、君主の前では忠勤するが、君主が見ていない所では身勝手な行いをするのは、忠誠の道ではない。親が見ていない所でも、君主が見ていない所でも、いささかの粗略もなく、万事忠誠を尽くすことを『影の勤め』という」

この言は、つまり誠意慎独の工夫（修養）に適うのである。さすが流浪落魄の身から起こって関八州を掌握した人は、自然と聖賢の道に適っている。

織田信長は厠に入ろうとしたとき、森蘭丸に刀を持たせた。蘭丸は刀の鍔《つば》の千葉《せんよう》（花弁が重なり合ったもの）の菊を数えた。ほど過ぎて、信長は近習の人々に、

「この刀の鍔の菊の数を当てることができた者へ下賜しよう」と言ったので、おのおのその数を言った。

ひとり蘭丸は黙って応じない。そのわけを問うと、

「それがしは、御刀持《おかたなもち》（刀をささげもって従う者）をしたとき、数えて覚えておりました」と答えた。

信長は感称して刀を下賜した。これも君主をあざむかない忠誠であり、若い士には珍しいことであ

る。（『武者物語』上・『常山紀談』巻之五「森蘭丸才敏の事」に同様の話を収める）

あるとき信長は爪を取らせて、蘭丸に、

「それを捨てよ」と命じた。蘭丸がためらったので、

「どうして捨てぬのだ」と問うた。

「御爪が一つ足りませぬ」と答えた。

信長が袖を振るうと、爪が一つ出た。若者ながら心づかいが細密なことを、深々とほめた。

注一　『孟子』「尽心章句上」に「舜と蹠《せき》との分《ぶん》を知らんと欲せば、他《た》無し、利と善との間なり」とある。

六七　何事も好し

【間話続上　十六丁オ】

司馬徽《しばき》は、何事においても「好し」と言った。村人が来てわが子が死んだことを話すと、「好し」と言った。司馬徽の妻はあきれて、

「村人は、あなたが徳があるので来て話したのに、人の子の死を聞いて、『好し』と言う人がいましょうか」と非難した。すると司馬徽は、

「そなたの言もまた好し」と言った。（『蒙求』「司馬称好」）

吉凶禍福、貧富窮達、何事にも「好し」と言うのは、あまりのことに聞こえる。しかしながら、劉備が人材について司馬徽に問うと、

「儒学者や俗人は時局の要務がわかりません。時局の要務を識る者こそ俊傑です。このあたりにおのずと伏龍（孔明）鳳雛（龐統《ほうとう》）がおります」（『三国志』「蜀書」「諸葛亮伝」）と答えた人である。諸葛孔明や龐統を在野貧寒の中から見いだした、かがり火のような慧眼の名士の事なので、深い意味があるのだろう。

およそ人の一生のことは、浮雲が定まった姿がないように、貧富窮達、盛衰栄辱が種々変化する。これは境遇であって、外から来るものである。まことの我は自若としていて、富貴であっても増さず、貧賤であっても減らず、我に軽重はない。

だからわが心の持ちようで、「好し」と思えば、往くとして、よくないことはない。富貴の位にあれば、道を世に行う楽しみがある。これもまた好し。貧賤であれば、身が閑《ひま》で心のわずらいがなく、琴を弾き書物を読んで、一身のんびりと気ままに暮らす楽しみがある。これもまた好し。禍患が来れば、天命に安んじ心を動かさず、わが平生の徳を進め学を修めた力を試みるので、これもまた好し。このように、看破すれば、何事も好し。憂えるに足らない。

七尺のからだのますらおが、おおらかに天地の間に生まれ、六、七十年の短い夢のような世に、吉

凶禍福が種々入り乱れて競い来るが、まことの我はいつも自若としているので、吉凶禍福が変化推移するのもまた好し。

たとえば、土中の虫が蝉に化せば、青桐《あおぎり》や高い槐《えんじゅ》の上に鳴き、涼風に吟じ、清露を吸うという、神仙の楽しみがある。また、化して蝶となれば、百花の上や名園の中にひらりひらりと飛び、花に宿り草に眠って、逍遥自在の楽しみがある。また、化して魚となれば、江湖の中に遊泳浮沈して、清らかな波に躍り、みどりの波に舞う楽しみがある。

人の世もこれと同じく、貧富盛衰が種々変化するも、物に凝滞せず（物事に拘泥せず）（注一）、往くとしてみなわが楽地となるならば、何事もまた好し。このところを司馬徽は自得していたものと見える。まことに世にまれな名士と称えるべきである。

ただし、このところに老子荘子と孔子顔回との別がある。老荘は、人の一生の貧富窮達をうたかたや浮遊するちりのように思って、その心をしばらない、高遠なところがあるが、この中に、道理を尽くし中庸を行う一段が欠けている。孔子顔回の心は、光風霽月《せいげつ》（うららかな風と雨後の月。さっぱりとして清らかな人柄）であるが、その中に倫理を尽くすところがある。

『周易』「繫辞上伝」に言う。「天下の至賾《しさく》を言えども悪《にく》むべからざるなり（易の象は天下の事物のきわめて錯雑した状態を説明するものだが、当を得ているから悪み嫌うことはできない）」とある。朱子の『周易本義』に「賾は雑乱なり」と注する。天下のことは、乱れて交錯し、貧富盛衰の変化が種々競い来て、乱れた糸のように、喜んだり哀しんだり歌ったり泣いたりと混雑する。これはまことに厭うべくにくむべきことである。

ゆえに、この世界の乱雑を避けて、山林に隠れ泉石を楽しみ、猿鶴とともに居ることは、なんの難しいこともない。しかし、この世事乱雑の中、熱湯烈炎の間にあって、その心を動かさず、その理に従って処置し、おのおの宜しきを得るべきなのだ。

それは、庖丁《ほうてい》（料理の名人。『荘子』「内篇」「養生主篇」）が牛を解体するようなものである。大きな骨のかたまりでも、肯綮《こうけい》（骨と筋が接する部分）でも、わずかの支障もなく、ばらりずんと切りさいた。十九年の間、数千の牛を解体しても、その刀は少しもかけ折れず、たった今砥石で仕上げたばかりのようであった。また、蓮の花は清らかなさざ波にあらわれて浄く立ち、汚泥から出ているが染まらない（周敦頤「愛蓮説」）。そういうものを聖賢の道という。およそ天下のことは、乱雑紛糾の中でも、こうすべきであるという、当然の理がある。

『周易』「繋辞上伝」に「其の会通を観、以て其の典礼を行う（そのあい集まりあい分れる変化を観察し、その中に一定の規範常法を見いだす）」と言うのは、この道理を説いたのである。ひとしくわが胸中のまことの楽しみはあるが、老子荘子仏氏の虚無寂滅と孔子顔回の実理実学とは、ごくわずかの違いから、十里の相異となる。かの司馬黴という者は、はたして聖賢の楽しみか老荘の楽しみか、きっと識別できることだろう。

注一　『楚辞』「漁父」に「聖人は物に凝滞せずして、能く世と推移す（聖人は物事に拘泥せず、世間とともに推し移ることができる）」とある。

❊

凡そ人間一生の事は、貧富窮達盛衰栄辱種々変化すること浮雲の定姿なき如くなり。是れは境遇にて外より来る者なれば、真の我は自若として、富貴にても加へず、貧賤にても損せず、我に軽重はなし。されば吾心の持ちやうにて、好しと思へば、往くとしてよからざるなし。富貴の位にあれば、道を世に行ふ楽しみあり。是れも亦た好し。貧賤なれば、身閑にして心の累ひなく、琴を鼓し書を読みて、一身優遊の楽しみあり。是れも亦た好し。禍患来れば、天命に安んじ、心を動かさず、吾生平進修の力を試むれば是れも亦た好し。かくの如く看破すれば、何事も好し。憂ふるに足らず。丈夫七尺の躯、落々天地の間に生れ、六七十年短夢の如き世に吉凶禍福種々紛綸して競ひ来れども、真の我はいつも自若なれば、其の変化推遷するも亦た好し。

六八　古人の大難

【間話続上　十八丁ウ】

世の中に憂苦患難の事があるのは、盛衰自然の理である。孔子や顔回の楽地に及ばない者は、苦しくなると、自分一人だけが薄倖だと思うので、憂苦がさらに深まる。古人が大難に遭った事を思って、わが身と比較すれば、古人の万分の一に足らないことなので、憂患の境遇にあっても、すこしばかり安らかになる。

古人もそのように工夫（修養）をしたと見えて、衛の荘姜《そうきょう》（荘公の夫人）の詩に、「我れ古人を思ふに　実に我が心を獲たり（注一）」という。荘姜は荘公の寵を失って憂患が深かったが、よく貞節を守って心を変えなかった。それで古人を思うのだから、古人もすでにこのような境遇になった例があると、みずから慰めたことばなのである。

朱子が寥子晦に答えた手紙に言う。

「李先生（朱子の師、李侗《りとう》）は説いた。『もしあらまし払いのけても去らないときは、ただ古人が遭った患難がまったく堪えられないものであったことを思い、もちこたえて、わが身と比べれば、わずかに気楽であろう』始めはその説をはなはだ見くだし、どうしてそのようになろうかと思った。その後、事に臨んでから、逆に力を得ることがあると感じた」とある。（李幼武『宋名臣言行録』外集巻十二）

李侗や朱熹のような大賢でも、古人を自分と比較して、憂患の境遇に安んじた。これは実際のことばである。

程頤《ていい》は小人によって排斥され、涪州《ふうしゅう》に追放された。後にゆるされて郷里に帰ったが、気貌、容色、髭髪がみな昔よりまさっていた。彼の学問の自得のところを知るべきである。

門人が問うた。

「どのようにして、ご健康を保たれたのですか」

程頤は言った。

「学の力である。およそ学ぶ人は、患難貧賤に身を置くことを学び、富貴栄達のようなものは、学ぶ必要がないのである」この悠然とした胸懐を想うべきだ。

朱熹も韓侂冑《かんたくちゅう》ら小人に排斥されて、偽学の禁（朱子の学派を偽学として官途につくのを禁じた）に遭い、官をやめて家に居た。門人らはつねひごろ性命の学を講究していたが、世俗に媚びへつらい、酒屋や遊女屋に入り、ことさら放蕩の行いをして、朱子の門人とは思えない態となり、利禄を求める者が多かった。

真誠篤実の士だけが朱子の門に来て、嘆息してそれを語った。朱子は悠然として驚かず、

「平素は誰が君子で誰が小人と見分けにくい。今、朝廷が一大道場を設けて君子小人を弁別してく

れたのは幸いである」と言った。

偽学の禁はますますはなはだしく、わざわいは計りしれなかった。門人は講学をしばらくやめることを求めたが、「死生、命《めい》有り（死ぬも生きるも天命で決まっている）」（『論語』「顔淵篇」）として門人に儒学を講じた。朱子の天を楽しみ命を知る（注二）ところを尊敬し慕うべきである。

注一 『詩経』「国風」「邶風」「緑衣」に「絺《ち》や綌《げき》や　凄《せい》として其れ以て風ふく　我れ古人を思ふに　実に我が心を獲たり（うすきかたびら　かぜ寒くとも　いにしえ人を思うとき　げにわがこころ得たるかな）」とある。朱子『詩集伝』に「薄いかたびらの身なりで寒風にあうのは、ちょうど己の見頃を過ぎて捨てられたのと同じだ。だから、古人が善く処置したことを思い、実に、わが心が求めるものを得ることができた」とある。

注二 『周易』「繫辞上伝」に「天を楽しみ命を知る、故に憂えず（天道を楽しみ天命を知るがゆえに、心に憂いを抱くことがない）」とある。

注三 『日本朱子学派之哲学』に「是れ亦一種の処世的悟道と見るを得べし」とある。

※

人世の中に憂苦患難の事あるは、盛衰自然の理なり。孔顔の楽地に及ばざる者、此の時に至り己れ一人のみ薄倖と思へば、憂苦更に深し。古人の大難に遇ひし事を思ふて、我身と比較すれば、古人の万分一に足らざることなれば、憂患にても少しく安かるべし。

六九　待　つ

太田道灌の、

いそがずば濡れざらましを旅人のあとより晴るる野路の村雨

という歌は、人の世の憂懼事変に遭ったときの道理を言い当てた名歌と称えたい。

『周易』「需」の卦は、「乾《けん》下坎《かん》上」の卦である。「坎」は雨である。「乾」は天である。需の字は、古文に⿱雨天《じゅ》に作る。李陽氷（唐。篆書に長ず）の説（注一）にもとづけば、雨天の節は急がずに雨が晴れるのを待つのがよろしい。人の世の事もこれと同じである。

けれども、患難のときに落ち着いて忍耐することができず、急いで進むので、おのずと害をまねくのである。雨は降ってもまた晴れるときがある。患難の事も変わるときがある。これは盈虚消息《えいきょしょうそく》（注二）、自然の理である。

聖人は、このところを人に教えて⿱雨天の卦を設けた。⿱雨天は須である。（需は須《ま》つなり。『周易』「需」）雨が晴れるのを待つ意である。道灌の歌は、易の理と符合する。

朱子が魏元履に答えた書翰に言う。

「大抵、人はみずから楽しむものであるから、用行舎蔵（注三）の中で、めぐり会った所に随って、そ

【閒話続上　二十丁オ】

こに安んじる。林逋《りんぽ》（北宋の詩人）は言った、『もしも晴れたなら行き、もしも雨が盛んに降ったなら休む』と。この言は味わい深い」（『朱子文集』巻之五）これも道灌の歌の意と同じである。

私もこの意を採って一詩を賦す。

秋雲無定態　秋雲に定態無く
乍雨又乍晴　乍《たちま》ち雨ふり又た乍ち晴る
雨即可高臥　雨ふれば即ち高臥すべく
晴即可閑行　晴るれば即ち閑行すべし
人事亦如此　人事も亦た此くの如し
何須労中情　何ぞ中情《ちゅうじょう》（心の中）を労するを須《もち》ゐん

＊下平八庚

秋の雲にきまった形はなく、にわかに雨が降り、またにわかに晴れる。
雨が降ったら高臥し、晴れたらのんびりと行く。
人の世のことも、こういうものである。どうして心を疲らせる必要があろうか。
ただ辞句の浅陋を恥じる。

注一　『説文解字』巻十一下「雨部」「需」に、「額《ま》つなり。雨に遇ひて進まず、止まりて額つなり。雨に従ひ、而を声とす。易に曰はく、『雲、天に上りて需《ま》つ』と」とある。宋の徐鉉等の注に、「李陽氷、易の『雲、天に上りて需つ』に拠りて云ふ、『当に天に従ふべし』」とある。

注二　『周易』「豊」に「天地の盈虚は、時と消息す（天地の満ち欠けは、その時に従って消息するものであるから、ましてや人の勢いが時とともに盛衰するのは言うまでもない）」とある。

注三　『論語』「述而篇」に「之を用ふれば則ち行ひ、之を舎《す》つれば則ち蔵《かく》る（用いられれば活動し、見捨てられれば隠遁する）」とある。

七〇　談　論

【間話続上　二十丁ウ】

朋友がより集まって古今の治乱を談論するのは、楽しい事である。また朋友の情が疎遠でなければ、そのなかに益を受けることも多い。しかしあまり夜ふけまで談ずると、翌朝のさわりになり、家人も迷惑する。四つ時（午後十時）頃まで退出すべきである。

蒲生氏郷は、夜話には怪談を好んだ。また「武辺の話になると退屈しないものだ」と、蠟燭一本を限りに、夜話の者は退出した。夏の夜は、蠟燭を短くきって風のある所に通し置いた。古の名将は、細事にも心を用いたものである。

蘇軾が恵州（広東省）に謫居《たっきょ》したとき、人に鬼を語らせた。「鬼のことは知りませぬ」と言っても、むやみに語らせた（葉夢得《しょうぼうとく》『避暑録話』巻上）。およそ談話というものは、学問武芸ばかり始終談じてはいられない。怪談は無益なものだが、退屈しない。国政を批判し、人物の良否を批判し、声音顔色を察して評論することは害がある。怪を談ずるのも、ひまつぶしや憂さ晴らしのたすけにはなる。

【間話続上　二十二丁オ】

七一　講学の道

講学（学問を研究すること）の道は、多く人から難詰され論破されて、赤面することもしばしばなので、自然と感情が激昂して学業が大きく進歩するのである。また、人に問われたことは、その時に答えることができなくとも、後に多くは読書しているときに、偶然見当たるものである。問われないことはぼんやりとして見のがすが、問われたことは心に留まり、見当たって、精詳になるものである。だから、朋友が講論することの益は、とりわけ大きい。

しかし、人は恥をかくのを嫌い、自分に及ばない者を友とし、みずからよしとするので、大きくは進歩しない。ひとり講学だけでなく、現今の事象で、論破に遇い恥辱を受けることも多いので、物事の道理によくなれ親しみ、世間の俗事に通じておくべきである。いかほども屈辱にあえば、忍耐が強くなり、精神を磨錬し、物事の道理に通じ、多少の徳義が増加するのである。

程顥《ていこう》が「もし練磨し熟したいと願えば、舜帝・孫叔敖・百里奚《ひゃくりけい》（孫百は春秋時代の名宰相）らのような艱苦の道を通るべきである（注一）」と言ったのは、滋味のあることばである。

古人の句に「成功は毎《つね》に阨窮（運が悪くて行きづまること）の日に在り、敗事（失敗）は多く得意の時に存す」とある。人が屈辱に遇うのは、身の薬石である。貧賤の士は屈辱に遇うことが多い。だから、道徳学芸が大きく進歩する。けれども、高貴の人は論破に遇うことがなく、虚しいうわべの美飾が耳を薫《くゆ》らせ、おもねりへつらう言ばかり聞くので、自然と怠慢に流れやすい。たとえ生まれつきの才力がある人であっても、道徳学芸が大きく進歩するのは難しい。

新井白石のことばに「全身に恥の肬《いぼ》ができるほど修業すれば、大きく進歩する（恥をたくさんかいて学べ）」とある。白石も、若い頃は学業で多く論破されたことがあったと見える。それゆえ博聞強記の碩儒となった。

白石は、人に応接談話するたびに、かならず筆と紙をそばに置き、物事の道理の心得になること、または山水風土物産の類、古今の人物のことなどを書き記しておき、ひまなときに整頓して著述した。彼は深く心を用いたので、著述が百数十部の多きにいたり、古今に傑出した。彼の平生の力学苦学は、人の及ぶものではない。

人は何事においても、書き留めておけば、後の思考によって仕上がることが多い。官職にある人は、そのときの勤め向きのこと、政事のことなどを書き記しておけば、後の人の参考となる。草莽の士も、山水風土世相のことについて書き記しておけば、後の人の楽しみにもなる。

蘇軾の跋文の中に、

「唐の李邕《りよう》の書は、一字で絹一匹に当たる。私の書は李邕に遠く及ばないが、五百年の後には五百金になるであろう」と言った。たわむれのことばだが面白い。

書のよしあしにかかわらず、著述の巧拙に関係なく、五百年前の筆跡著述があれば、人は皆珍重し、または当時の時勢や人物を見るよりどころともなる。

しかし幕府のことは、武士や庶民が知るべきではない。伝聞やあいまいなことをみだりに記録するのは、大不敬の罪である。慎しむべきで、記すべきではない。

注一　『近思録』「為学大要篇」に「若《も》し熟せんことを要《もと》むれば、也《ま》た須らく這《こ》の裏《うち》より過ぐべし」とある。

注二　『日本朱子学派之哲学』に「是れ蓋し彼れが苦境中に於て自得する所ならん」とある。

阪注　文末「伝聞やあいまいなことをみだりに記録するのは、大不敬の罪である」は当然としても、「幕府のことは、武士や庶民が知るべきではない」は、現代人には理解しにくい。幕府は、武士や庶民よりも天の命をよく知っているはずだから、と読むべきだろう。

艮斎は「職分を尽くし」（「一 天地人」）、「分限」（「九六 礼は中道をたっとぶ」）など、しばしば社会における各自の位置を重んじる。しかしそれは社会の中の狭い範囲に自分を限定することではない。人がそれぞれの分における主なのであり、その分を尽くすことで、社会全体は充実し、在るべき姿になる。

「天下の人は、上下貴賤となく、知るとなく知らぬとなく、皆一体のつなぎ合いの世界なのだから、一人として用のない人はいない。たとえば一身のうちに、多くの経絡（気や血が人体を流れる通路）が乱れた糸のように貫通しているのと同じである。一話の経絡は切っても害がないようだが、一つの経を切断すれば、かならず身体に病が生じるのである。」（「七九 怨みに報ゆるに徳を以てす」）。「人にして天地の恩を受け、職分を勤めない者は、天地がきっと憤って罰を下すことだろう。」（「一 天地人」）。

君主が職分を果たさず悪政になる場合もある。すると天の命が変わり、君主が変わる。「その役目を果たさず、人民を塗炭（泥水や炭火の中）に落とせば、聖人が天道に従い人心に応じて、放伐の事が起こるのである。」（「二二 君臣（1）」）。しかし新しい君主の職分が天の命を行うことなのは変わらない。現代では君主とは政府である。政権の交代（易姓革命）は、選挙民の投票で決まる。したがって投票は、私欲や自分勝手な理屈によるのではなく、みずからの中にある天の命

（人間が生まれつき自然に持っている気持ち）によるべきことになる。

※

朋友講論の益は尤も大なり。然るに人は恥を受くるを嫌ひ、我にしかざる者を友とし、自ら是とするゆゑ長進せず。独り講学のみならず、今日の事屈折に遇ひ、恥辱を受くる多ければ、事理純熟し、世故事変に通ずべし。いか程も屈辱に遇へば、忍耐も強くなり、精神も磨錬し、事理にも通じ、多少の徳義を増益するなり。【間話続上　二十三丁オ】

七二　恭　敬

ある人が私に語った。

「古の一名僧の著述した書物の中に、

『如来は凡夫とかわる所はない。ただそのかわる所は心である。如来は、事に臨み物に応じるにおよんで自然と超脱し、道理がすべて欠けるところなく備わっている。これは凡夫が及ぶものではない。平生の所は、なにも凡夫に異ならない。わが寺にいる修行僧どもなどは、もとより皆凡夫である。仏道をも知らず、智識も愚昧であったが、仏門に入り仏道を修行してから智識がしだいに開け、みずからは仏の地位にいたったと思い、その智慧が鼻の先へもふらつき、頭にもふらつき、口先にもふらつき、凡夫よりも逆に見苦しい姿は、さてさて気の毒千万である。この修行僧どもが修行を積んで、如来や菩薩の地位に本当にいたれば、やはりもとの凡夫のようになって、智慧が顔にふらつく醜態は失せるのである』と書いてありました。

儒学の士もこれと同じで、書物を読み、道理を弁じ、古今治乱のあとに通じるにしたがって、自然ともの知り顔になり、人のことを俗吏の俗物のとそしり笑い、智慧の肬《いぼ》が眉目にふらつく学人も出てきます。これは未熟だからです。上達の人は、常人となにもかわった所がありません。書物を読み古今の治乱に通じるのは立派なことですが、慢心が生じ人をあなどるようでは、逆に人に憎まれ、害を招くのです。

もし、学問を胸中に深くおさめることができて、ますます恭敬にふるまい、人と応接するときは温厚謙抑をもっぱらとし、すこしも慢心がなければ、人もほめたたえます。『学ぶ人は格が違う』と言われるようにありたいものです。教える人も学ぶ人も、この所は思慮があるべきです」

これは適切な言であって、自省しなければならない。

七三　平洲の教育論

【間話続上　二十四丁オ】

本多正信は言う。

「学問をして心の惑いを解こうと思えば、師匠は無欲で正しい道をゆく人をえらんで、四書五経、資治通鑑、史記、漢書の中の重要な所をまず聴くべきである。師匠の教えにしたがって学問をして、心が悪くなった人がたくさんいる。これは師匠が悪いからである。師匠と大臣とをえらぶことは、天下の大事である」まことに確言である。

細井平洲の言（『嚶鳴館遺草』「つらつらふみ」君の巻）に、

「大抵、師は素志素行が正しく、かたよった見識や気性がなく、学問も諸書をひろく見わたし、古今の治乱興亡や人情の変化に通じ、ただ人を親切に教えて、人が成長自立するようにとまごころで導き、鼻たらしの小童までも、善行善心の人に成長自立するようにと、まごころで教育する人を師と定めるべきである。善言善行を見ならい、追々に成長自立すれば、その中には大賢英才も生じるのである。

平生の実践の正しい中にも、生まれつき窮屈でかたよった気性の人は、人の師にはしないものだ。すべて人を教育する方法は、菊好きが菊を作るようにするのはよくない。百姓が野菜や大根を作るようにするべきである。

上

菊好きが菊を作るときは、花の形が見事にそろった菊ばかりを咲かせたく思うので、枝をもぎ取り、あまたのつぼみを摘み棄て、伸びる勢いを縮める。自分の好みの通りに咲かない花は、花壇中に一本も立たせないものである。

百姓が野菜や大根を作るときは、一本一株も大切にし、一つの畑の中には上出来もありへぼもあり、大小そろわない。それぞれに育てて、よきもわろきも食用に立てるのである。

人の才能は一様ではない。一様に自分が思う方向にだけ導くような、かたよった気性で教育すれば、教えを受ける人も堪えかねるのである。才不才を相応に教育し、結局善人にさえなれば、用に立つものである。識度が浅く狭い人は、師にしてはならない」

本多正信の言、細井平洲の語、ともに師たる者は心得るべき確言である。

注一　艮斎は、学習者の主体性を重んじた教育を実践した。それは、平洲から林述斎へ、さらに艮斎へと受け継がれた学統によるものであろう。幕末に林立した尊王攘夷論者養成塾とは一線を画する。

七四　夫　婦　(1)

【間話続上　二十五丁オ】

本多正信は言う。

「夫婦の関係は天地のようなものだ。天地が和合して万物が生じるのである。ゆえに妻は夫を天のようにいただき、夫は妻を憐れみ、怨みがないように和合する。そうすれば、家の中が和合して、その風が天下に広まる。夫婦の関係は肝要である。けれども年老いて気が衰えると、妻が思いこみで悪口を言うことを信じてしまうこともある。女というものは、贔屓が強く、奢りがちで、邪欲が深く、遠い智恵はないものである。絶対に、女の言うことを思慮なく信用してはならない」これも本多の確言である。

夫婦は、人として守るべき道のはじめであって、夫婦が和合するとしないとで、家国天下の治乱はここから起こる。だから、『易経』は「乾坤」を首とし、『書経』(「尭典」)は「釐降《りこう》」(降嫁)を載せ、『詩経』は「関雎《かんしょ》(注二)」(「周南」)を始めとする。

明の鄭濂《ていれん》は数代にわたって同居し、孝悌礼義の風が盛んで一家は和合した。明の太祖(洪武帝)は召見して、彼の家を治める方法を問うた。鄭濂は、「平生、婦人の言を用いませぬ」と答えた(『明史』巻二九六)。この答えは、唐の張公芸(九代にわたって一族が同居した)が、忍の字を百ほど書いて高宗にたてまつったこと(忍以外の何物でもないの意)よりまさっていると、古人もほめている。

本多正信の言と符合しているのは、奇事と言うべきだ。正信が戦国騒乱の世に生まれ、聖経賢伝の理、古今治乱のあとに明らかなのは、とりわけ称えるべきである。正信が身分が低いとき、松永久秀

が彼を見て、

「わしは三河の士を多く見た。いずれも武勇の士である。ただ正信は才智が人よりも超越し、剛《つよ》からず柔らかならず、非常の人である」と賞嘆した。はたして鷹匠から登用を得て、常に君のそばに侍して謀略をめぐらす寵臣、開国の元老となった。稀代の名賢である。

注一 冒頭の句に「関関たる雎鳩《しょきゅう》」（関々《かんかん》となける雎鳩《みさご》）とある。この鳥は、夫婦仲がよくて礼儀正しいとされる。朱子『詩集伝』に「関関は雌雄相応ずるの和声なり」「生まれながらにして定偶有りて相乱れず。偶して常に並遊すれども相狎れず」とある。

阪注 「夫婦別あり」についての考察である。本書では「二三　赤沼の鴛鴦」の情の厚い妻や、「七八　仁」の大内義隆夫人の恕など、女性を肯定的に評価している箇所のほうが多い。しかしこの話の本多正信の言葉など、女性についての考えは現代とは異なる。男女の医学的、生物学的違いはいつの時代も同じだから、本多らの言葉は、社会における女性の活動がほとんどない時代の、女性の一側面に対する、男性からの評価、とみるべきだろう。

これらの現実の課題については、『洋外紀略』におけるキリスト教の否定などと同じで、時代と場所による倫理観の違いを、艮斎はすでに見通している。「……聖賢が世を憂えて教えを垂れる根拠は、人類自然の道に由らないものはない。しかし、それぞれ時代への適応性に基づいてその教えを立てている。つまり孔子の教えには『孔子の時』、孟子の教えには『孟子の時』、程朱の教えには『程朱の時』というものがある。『時異なれば教異なる』（時代が変われば、教えも変わる）のである。しかし、その本質を貫くものは道であって変わらない。後世の儒者は、この変通の義を知らず、いたずらに株を守り船に刻み（旧来の教えをひたすら守り）、ついに聖賢の教えの意あるところに到達できない。……」（『艮斎文略』一三六頁）。したがって艮斎の教えには「艮斎の時」、令和の教えには「令和の時」があることになる。「四五 聖人の道」も参照。

七五 夫婦（2）

【間話続上 二十六丁オ】

夫婦の関係は和合して、妻は夫をあたかも天のように敬い（注一）、夫は妻をあたかも地のように親しむものであって、たやすく離縁してはならない。古の書物（『大戴礼記』「本命篇」）に、七去（妻を離縁できる七つの理由。父母に不従順、子がない、品行が悪くみだら、嫉妬深い、盗みをする、おしゃべり、難病がある）のことを載せる。その中の、「子がなければ離縁する」「難病があれば離縁する」の二条は、不仁のことである。

子がないのは、妻の責任ばかりでもない。男子にも、生来、子のない性質の者がいる。だから、離縁するのは不仁だね。難病に関しては、とりわけ哀れみいつくしむべきである。蔡の婦人が難病のある夫に始終よく仕えたことを美談とする（『列女伝』巻四「貞順」「蔡人之妻」）。妻が難病があって、夫がこれを離縁するのは不仁だね。

天と頼りにする夫に離縁されて、どこに身を寄せればよいのか。終生父兄の扶助を受けるのは、哀れである。だから、この二条は、劉基の『郁離子《いくりし》（注二）』、陳霆の『両山墨談（注三）』には排除した説が載る。陳絳（明・一五一三〜八七年）の『金罍子《きんらいし》』にその説を載せる。

宋の劉廷式は、もとは農家の子である。隣家の翁に一人娘がいて、婚約した。後に都に出て書物を読み、科挙に合格して帰ったが、隣の翁は死に、娘は病んで盲人となっていた。劉廷式はかつての約束の通りに娶って、夫婦の関係はきわめて和やかでむつまじく、数人の子を産んだ。蘇軾はその義を愛し、文を作って賞美した。（北宋、沈括《しんかつ》『夢渓筆談』巻九「人事一」）

華陰（西安の東方にある華山北麓の町）の呂君は、里の娘と婚約した。その後都に到って、科挙に合格して帰ったが、その娘は失明していた。約束の通り娶って五人の男子を産んだ。その一人は宰相呂大防（宋、藍田の人。進士。封は汲郡公）である。（北宋、陳師道『後山叢談』）

周行己《しゅうこうき》（程頤の門人）は幼年の時、母方の親類の娘と縁談があった。年若くして科挙に合格した後、その娘は失明した。周行己はそのまま娶り、常人よりもまさって愛した。程頤は非常に賞嘆して、「私は三十歳になる前は、こういうことはできなかった」と言った。

『宋学士文集』（宋濂）に、

「元の楊維楨が里の娘と結婚を決めた後、その娘が難病を患った。その家では実情を告げて、結婚を辞退した。楊維楨は言った。『私が一日約束した後に、難病を発したのだから、私が娶るべきなのは当然である』として迎えた」とある。

古の人は情義がこのように厚い。後世は夫は妻をはしためのように見て、ほんのすこしのことで離縁する。妻は天下の人は皆夫であるというように、夫をかえることを深い恥としない。夫婦の情がこうも薄い紙のようであれば、家も治まらず人倫も乱れるのである。

注一　『列女伝』（前漢）巻一「母儀」「魯の母師」に「夫れ礼に、婦人未だ嫁せざるときは、則ち父母を以て天と為す。既に嫁するときは、則ち夫を以て天と為す」とある。

注二　『郁離子』（明・一三七五年）巻下「糞藿」に「悪疾の子無きと、豈に人の欲する所ならんや。欲する所にあらずして之を得るは、其の不幸なるや大いなり。而れども之を出だして忍びんや。夫婦は人倫の一なり。婦は夫を以て天と為す。其の不幸を矜れまずして遂に之を棄つるは、豈に天理ならんや」とある。

注三　『両山墨談』（明・一五三九跋）巻六に「婦に七去有り。其の五は言ふべき者無きも、悪疾・無子に至りては、則ち人の不幸なり。（中略）昔賢謂ふ、夫婦は人倫の一なり。婦、夫を以て天と為す。今其の不幸を矜《あわ》れまずして之を棄つるは、豈に天理ならんや」とある。

七六　君　臣　(2)

【間話続上　二十七丁ウ】

いにしえの名将は、士を愛し、廉恥（無欲で、恥を知る心）を励まし、礼義を用い、士気を振るいおこし、忠節を尽くして、小さな過失は寛大な心で恕したのである。加藤嘉明《よしあきら》は、十客揃の南京茶碗を常に珍しがって愛蔵していた。小姓の者が誤ってその一つをくだき、大変恐怖した。嘉明はすこしも怒らず、

「これはまったくのあやまちである。どうすることもできない。この器が一つ欠けていれば、後にこれは誰それが砕いたから足りないのだと、いささかの器物で士の名をけがす。惜しいことだ」と、残りの九枚を砕いて棄てた。

板倉重和の家で、由緒があって伝わる弓を居間に置いていた。留守のうちに、侍臣の若者が弓の弦を少し引いて、張りの強さをためした。すると、古い弓なので、たちまち折れた。若者は恐怖し、家老に告げてしずかにしていた。板倉侯が帰ったので、家老はこの事を告げた。侯はそれを聞いて、す

みやかに若者を召して、

「おまえは平生我らにまじめに奉公しているので、その忠義を喜んでいる。なぜならあの弓は、それがしの身に難ある時、役に立つこともあろうと思って置いたのである。おまえが弦を少し引いただけで折れる弓であれば、余が引いても折れただろう。事の無いときにこわれたのは、それがしの身にとっては吉事である。迷惑するはずがない」と言ったので、群臣は感涙を流し、この人のために死すとも命は惜しくないと思わぬ者はなかった。君主がこのように大きな度量があって、臣下を慈愛すれば、臣下も忠誠を尽くすのである。

【間話続上　二十八丁ウ】

七七　君　臣　(3)

『孟子』(「離婁章句下篇」)に、君臣の間に礼義があることを説く。

「君主を諫めればその諫言は行われ、進言は君主に聴き入れられ、したがって政治はよくなり君の恩沢はあまねく民にゆきわたる。たまたま何かの理由があってその国を去るときは、君主は使者をやり案内して無事に国境まで見送らせる。また行く先々に賢良な者だとほめて知らせ仕官の便宜をはかってやる。去ってから三年は、前に与えた田地や住宅をそのままにしておき、三年たってから没収する」とあるが、この事は、中国の書籍の中にその実例をまだ見ない。

しかしながら、加藤嘉明が河村権七に対してしたことは、孟子の言によく適っている。河村権七はほまれの高い武功の士である。慶長五年（一六〇〇）、関ヶ原の戦いに、加藤の夫人を守護して大坂にいた。加藤は、徳川家康公に属して奥州に向かった。

石田三成らは評議して、諸侯の妻子を人質として大坂城内に取り入れることにした。権七はそのとき夫人の覚悟を聞き、もし夫人が柔弱で、大坂城に入ろうとするならば、刺殺して、主君の関東へ帰属の心を決めさせようとし、夫人に伺った。夫人もその心を察し、

「城には入らぬ。どうしても叶わないならば、人手にはかからぬ（自害する）。汝も戦って死ぬがよい」と言った。河村はたいそう悦び、にわかに夫人に鎧を着せ、女中には半具足を着せ、馬上に鉢巻きして、両刀をおびさせ、兵士に仕立てて邸を出た。諸侯の夫人はこれを聞いて、いずれもこのようにした。

関ヶ原の戦いには、権七は力戦して功を立てた。その後、承服できないことがあって、一封の書翰を留めて出奔した。書中に、

「立ち去りますが、二君には仕えませぬ。当家に一大事の変があったときは、どこの国にいようとも、馳せつけて御用に立ちます」とあった。

このときから河村は諸国を浪遊し、後には路銀が尽きて、出羽国で修験者となって日を送った。大

坂冬の陣が起こったとき、加藤・黒田・福島の三家は江戸にいた。河村はこれを知り、さだめし出陣するだろうと、出羽からすみやかに馳せ上った。夜中、邸に着き、親友を呼んで罪を謝し、謁見を願った。嘉明はたいそう悦び、すみやかに対面して、もとの俸禄の通り八百石を与えた。

その後、勘定奉行が来て、「俸禄を受けてくだされ」と、おびただしく金銀をならべ、

「毎年の禄高の除き置いた分、一万千二百石の代金、十四年分を受けてくだされ」と言った。河村は大変驚き、

「十四年の間は浪遊し、出勤しておりませぬ。どうして、俸禄を受けられましょうか」と固辞した。嘉明は聞いて、

「普通の心持ちでは、その通りに思うであろう。しかし、権七が立ち去った節に、一書を留め、『二君に仕えず、当家に一大事があったならば、どこの国にいようとも、馳せつけて用に立ちます』とあった。その言の通りに、他に仕えず、艱難をしのぎ、このたび遠国から馳せ来た。この忠誠は比類がない。ゆえに、十四年の禄を主人が奪い取るべきであろうか。ことごとく与える」と言ったので、権七は感涙を流して拝領した。

これこそ、孟子の「去ってから三年は、前に与えた田地や住宅をそのままにしておき、三年たってから没収する」の意よりも、さらに厚い恩沢であって、千古の美談である。嘉明がこのように士を愛

したので、麾下の猛士は力を尽くし、しばしば戦功をあらわした。

朝鮮の戦いに、敵兵が数百艘の戦艦を並べて攻めてきた。諸将がぐずぐず引き延ばして、進みあぐねていると、嘉明はわずか二、三艘の兵船で数百艘の中へ、激しく鳴る雷のごとく攻め入って、敵船を奪った。その力戦の英姿は鬼神のようで、威名は外国におそれられた。

このとき衆に秀でて、死ぬ覚悟で血戦したのは、河村権七・塙《ばん》団右衛門・藪・宮川・土方《ひじかた》の五人である。こういう熊羆《ゆうひ》の士（勇士）を多く得たのも、嘉明が士を愛したからである。

わが郷安積郡の福原村は奥州の官道沿いにある。道から数町（数百メートル）西の台地に大きな池がある。宝蔵カ沼（宝沢沼《ほうざわ》）と言う。伝えるところによれば、嘉明が会津四十万石を領したとき、馬上にてこのあたりを巡見し、村吏を呼んで、

「道の東に水田が多く連なっている。きっと干害のわざわいがあるだろう」と問うたので、

「ご下問のごとく、このあたりは水が少なく、干害のわざわいがございます」と答えた。嘉明は鞭を挙げて、

「あの台地に大沼（灌漑池）を造成するがよい。堤の築造は臣下に命ずる」と言った。

にわかに沼を掘って堤を築き、堤脚は石を積み重ねて築き立てたので、今にいたっても崩れない。

これによって水利がよろしく、干害の憂いを免れた。これが宝蔵カ沼である。これを古歌に詠じた安

積の沼(注一)と言うのは誤りである。安積の沼は、日和田村の西半里ばかりにある。
嘉明は馬上で一見して地理を察し、大沼を造成して百世の利を起こした。経国の才が高い。古の名将は、ただ戦に長じただけではない(注二)。

注一 『古今和歌集』巻第十四に「みちのくのあさかの沼の花かつみかつ見る人にこひやわたらむ」とある。
注二 安積郡は石高が三万石だったが、江戸時代、郡内各所に灌漑池を造成し、川に堰をつくって導水し、新田開発したので、実高は四万五千石であった(郷土史家柳田和久氏)。

七八 仁

【間話続上 三十一丁オ】

聖人の道は、仁よりも大きなものは無い。『論語』二十篇は、ただ仁を求めるだけだ。孟子は、「恕(思いやり)を勉めて人に及ぼせば(やがて私心は消えて、自ずから仁の徳は完成されるので)、これが仁を求める一番手近かな方法である(注一)」と言う。恕の字は、心に従い如に従い(『説文解字』「心部」「恕」に「仁なり。心に従ふ。如声」とある)、わが心の如くに人に接するの意である。
一人の心も千万人の心も、同じ心である。自分が痛いことは、他人も痛い。自分が喜ぶことは、他人も喜ぶ。一つとして、自分の心と同じくないことはない。「仁を求める」方法は、自分の心によって他人の心を推しはかり、自分の心を推しはかって他人に及ぼし、酷薄残忍なことを人に行わず、つとめて私意を去り、公道に従うことである。これを恕とする。

『中庸』（第三段）の、「忠恕は、道を行うことと遠く離れていない。行為を自分の身に用いて願わしくなかったなら、他人にも用いてはならない（注二）」とのことばによって、恕の道は明らかである。

陶淵明が彭沢《ほうたく》県令であったとき、自分の子が家を守って郷里に居た。そこに一人の下僕を送り遣わして、

「汝の薪水の労を助けるが、彼もまた人の子だ。厚遇しなさい」と言った。淵明は、恕の道を得た厚徳の人である。

大内義隆が京へ上って三年帰らなかったので、義隆の夫人は慕わしくまた心もとなく思ったのであろう。義隆の妾が近い所にいたので、文を贈った。

身をつみて人の痛さぞしられける恋しかりけりこひしかるらむ

これは婦女の情けを述べた歌である。恕の道によく適っている。わが身をつねって、他人の痛さを知ることができる。仁人君子は他人の艱難を見てわが身におきかえて考え、その心を体察し、その困苦をあわれみ、一体のように心の苦しみが通じ合うと思って、恩恵をほどこす。だから、かの人も感激して、死をもって報いようと思う。

しかしながら、自分の利便ばかりかえりみて、天下の公道に反し、一家で哭していても憂えず、道にいる人々が哭していても哀れまず、酷薄なことをすれば、民衆は心服しないものである。

恕の道を行えば、人は自然と感化されて、「一国仁に興り譲に興り(注三)」、忠厚の風が靄然として、人々はあざむくに忍びなく、そむくに忍びなく、家国の美俗良風が盛んになる。これが長久の基である。

『大学』(第六段)に、天下を治めるための要道を挙げ、二字で言い尽くし、「絜矩《けっく》」(自分の心を尺度として人の心を知る、道徳上ののり。思いやり)と言う。「絜矩」はすなわち恕の道である。

中国の古今数千年の歴史を通観するに、周の世と宋の世は、仁恕忠厚の風があった。

周室は、太王(古公亶父《ここうたんぽ》)・王季(季歴)・文王以来、わが子のように民を愛し、仁恕をもって政を行ったので、臣民は自分の父母を親愛するように心服した。後世、政が衰え、諸侯が割拠して覇権を争ったけれども、周室を尊敬し、斉の桓公や晋の文公のような英雄も、鼎の軽重を問わず(天下を奪う野心を持たず)、天子を尊ぶ大義を失わず、強固に維持して八百年の久しきにいたった。

宋の太祖(趙匡胤)・太宗(趙光義)から、仁恕の道を行って、藩鎮(地方の安寧のために、軍隊を駐屯させるもの)の権を収め、功臣と終始(先後の順序。『大学』第一段に「事に終始有り」とある)を保って、罪があっても大臣を誅戮しなかった。名臣賢士がさかんに興り、万民はよく治まって安らかであった。

不幸にも金の禍が起こって、長江以南の半分の国土を保つことになったが、依然として忠厚の風があった。漢・唐・明のようなものは、功臣を殺戮し人民をしいたげ、忠厚の風が薄かった。五倫（君臣の義・父子の親・夫婦の別・長幼の序・朋友の信）も乱れ、綱紀も正しくなかった。

だから、家を治めることも、国や天下を治めることも、この恕の一字に過ぎない。孔子が終生行うべき道の要を挙げて、恕と言った（注四）のも、もっともなことだ。恕の道の極みにいたれば、それが仁の道であって、『論語』二十篇の奥義を会得するのである。

注一 『孟子』「尽心章句上篇」に「恕を強《つと》めて行ふ、仁を求むること焉《これ》より近きは莫し」とある。

注二 『中庸』第三段に「忠恕道を違《さ》ること遠からず。諸《これ》を己に施して願はざれば、亦た人に施す勿かれ」とある。

注三 『大学』第五段に「一家仁なれば、一国仁に興り、一家譲なれば、一国譲に興る（一家で仁の道を行えば、その国中の人々が仁の道を進んで行うようになり、一家で互いにゆずり合えば、その国中の人々が進んでゆずり合うようになる）」とある。

注四 『論語』「里仁篇」に「子曰はく、参《しん》（曽子）よ、吾が道は一《いつ》以て之を貫く。曽子曰はく、唯《い》。子出づ。門人問ふて曰はく、何の謂ひぞや。曽子曰はく、夫子《ふうし》（孔子の尊称）の道は忠恕のみ」とある。

阪注 心の規範である道徳は、自分自身に向けられたもの（「五 足るを知る」、「七九 怨みに報ゆるに徳を以てす」の慎独、「九八　恐れ慎む」など）と、本話や次話、「一九　寛恕」のように、他の人に向けられたものの二つがある。いずれも五倫の道を行う様々な場合の心のあり方である。

七九　怨みに報ゆるに徳を以てす

【間話続上　三十三丁オ】

天下の人は、上下貴賤となく、知るとなく知らぬとなく、皆一体のつなぎ合いの世界なのだから、一人として用のない人はいない。たとえば一身のうちに、多くの経絡（気や血が人体を流れる通路）が乱れた糸のように貫通しているのと同じである。一条の経絡は切っても害がないようだが、一つの経を切断すれば、かならず身体に病が生じるのである。

たとえ怨みがある人であっても、仇がある人であっても、君父の大仇を除くほかは、自分の心を尽くし、恩徳によって報いるべきである（『老子』第六三章に「怨みに報ゆるに徳を以てす」とある）。これは、慎独（独りのときも心を正しくする）自反（自分の身をかえりみる）の工夫（修養）であって、日用緊要のことである。

江戸近辺のある寺の和尚の方へ、近所の人が懇意に行き来していた。ある夜、和尚が盗難に遭ったことがあった。ある人が来て告げた。

「師の衣服を、近所のいつも出入りしている某の家で見たことがあります。某が盗んだに違いありません」和尚は聞いて、

「これは私の無念（思慮分別のない心）から起こった。その人が、こう盗みをするほど困窮していたことを知らなかった。物資を与えて救わなかったのは、拙僧の無念である。いささかの衣服金銀のことから、その人を罪に陥れるのは、慈悲の道ではない。このことは、かならず他言しないでくだされ」と頼んだ。

後に盗んだ人がこの言を聞いて、大変恥じ入って、衣服金銀を持ってきて、和尚に謝罪し、返した。和尚はそれを受けずに贈ったという。

また、盤渓禅師が播磨で安居《あんご》の行（一夏九旬、一ヶ所にこもって座禅修行をする）をしていたとき、僧徒がたくさん来て集まり居た。その中に賊僧がいて、「たれがしも銀子を失った。なにがしも衣服を失った」などと、毎日盗賊のわずらいがあった。後には、盗みをする僧が大概わかったので、多くの僧侶が一つにまとまって禅師に訴え、賊僧を追放することを願った。

禅師は聞いて、そのままに捨て置いたので、多くの僧がまた訴えた。禅師はなおもそのままに捨て置いた。このようなことが三、四度に及んだ。多くの僧は大変怒り、

「賊僧を追放しなければ、我らはことごとく退散します」と訴えた。禅師は笑って、

「退散したければ勝手にしなさい。悟道善行の僧には、教える必要がない。この安居も、そのような悪心の者を教諭するためなので、悪僧とてみだりに追放するわけにはいかない」と言ったので、多くの僧は大変感服した。

かの賊僧はこれを聞いてたいそう感悟し、座中から進み出て、盗みをしたことをみずから懺悔し、前非を改め、徳行堅固の僧になったという。

宋の寇準は、しばしば王旦の欠点を帝に指摘した。けれども、王旦はひたすら寇準をほめた。帝は王旦に言った。

「そちは寇準の長所をほめるけれども、寇準はひたすらそちの悪行を語る」

王旦は言った。

「その理は、もとより当然であります。私は宰相の地位に久しくおりますから、政事のあやまちもきっと多いのです。陛下に対して隠さないところに、ますます彼の忠直を見ます。これが、私が寇準を重んじる理由です」

帝は、これによって、ますます王旦を重んじた。

中書省は事案があって枢密院に送付したが、旧詔に違反していた。寇準はそのことを天子の耳に入れた。王旦は天子に責められて拝謝し、中書省の官吏は皆罰せられた。一月たたぬうち、枢密院の事が中書省へ送付されたが、旧詔に違反していた。中書省の官吏は大喜びで王旦に呈した。王旦は枢密院に送り返させただけであった。寇準は大変恥じ入って謝った。（『宋史』巻二八二）

これらはどれも仇を恩でかえすという意味あいで、寛厚な、徳の高い人のことである。ことに王旦が寇準を礼遇したことは、大臣の度量をもった賢宰相と称すべきである。こう心を用いて、大臣が協和することは、君主への大忠である。

「相将（宰相と将軍）和すれば則ち天下安し」と陸賈《りくか》が言うように、王旦は大きな度量で和合したので、宋の真宗の朝は天下が平和で、一人一人満ち足り家ごとに富み、極めて盛んな世であった。

『池北偶談』（清、王士禎）に載せる。

「王璟は、字は廷采、恭靖と諡した。成化の進士で、吏部侍郎、左都御史に至った。王璟が門生のとき、夜、書物を読んでいると、その家を嫌う者がいて、槍を持って、窓をへだてて刺した。王璟はすばやく避けて、免れることができた。月下になにがしの仕業と窺い知った。三十余年を経たが、一度も人に告げなかった。

王璟は後に高い地位にあった。刺した人は、俵馬（官の馬を民に分配して飼養させる）という難儀な雑役を担わされ、王璟に救いを求めた。王璟は少しも難しい顔をせず、ただ笑って言った。

『あの日の夜、もし私が刺されて死んでいたならば、誰がおまえを救えたことか。この後は慎んで人を傷つけてはならぬぞ』

その人は感泣して謝罪した。王環の厚徳はこうであった」とある。これも仇を恩で返したのである。彼が非道をもって我を扱っても、我から道理を尽くせば、彼もまた人心があるので、かならず感服し、和睦を結ぶにいたる。

『客座贅語』(「諺語」/明、顧起元)に「人に方便を与ふるは、自己の方便なり(人に便宜を図っておけば最後には巡り巡って自分の便宜になる。〈情けは人のためならず〉)」とあるのは、このことだ。『中庸』(第二段)に「寛柔でもって人々を教え導き、無道の者にも、こちらの節度を守って、報復はしない」と言うのは、南方気質の強(注一)である。「君子はこの強によって行う」(『中庸』第二段)とあるように、このことばは、人に大きな益がある。

『論語』(「憲問篇」)孔子のことばに「直を以て怨に報い、徳を以て徳に報いん(怨む相手に対しては、直の心で報い、徳のある者に対しては、徳によって報いる)」とある。これとは少し違うようだが、その処置によっては、結局同じところに帰するのである。

注一　中国の南方地方の人の強さ。寛容忍耐の力で人に勝つことを以て特色としている。

八〇　朋　友(1)　【間話続上　三十五丁ウ】

会津の保科正之の家老に田中正玄《まさはる》という賢人がいた。保科が将軍輔佐の職にあって江戸に居た間は、田中が政を行い、よく領国を治めた。保科がかつて、

「山崎闇斎は学問には長じているが、藩政を任せては安心できぬ。田中は無学だが、藩政を任せては余は安心である」と称美したほどの人である。

菅《すげ》勝兵衛という人も、沈毅にして志操ある賢士である。平生、田中と親友であった。ある日、官庁で公事を議論し、意見が合わず、大声で論争して互いに顔色を変えるにいたった。かたわらにいた人々は、「田中と菅は気心がよく通じ合った朋友だが、今日からは疎遠になるであろう」と皆思った。

田中は屋敷に帰って、

「菅はまだ来ぬのか、はよう招け」と人をつかわすと、菅もすみやかに来て、談笑して平生と異ならなかった。この後もいささかも疎遠にならず、交情は非常に密であった。まことに格別のことである。自分の心を尽くして論ずるのは、公事において忠誠を尽くすことであるから、心に恨みを持ってはならない。

宋の韓琦・范仲淹《ちゅうえん》・富弼《ふひつ》・欧陽脩の徒は、朝廷の上では互いに政事を議論し、正直誠実に述べて

争うことはあったが、退いては各々その善をほめ、私怨はほんの少しも無かった。公平の行いと言えよう。

また、司馬光は『孟子』を喜ばなかった。欧陽脩は『易』の「繫辞伝」を信じなかった。二人が会合したとき、『孟子』と「繫辞伝」の話に及ばなかったのは、忠厚の至りである。

人には好悪の相異がある。その好まないことを強いて論じるのは、無益である。朋友の切磋といっても、必ずこうせよというわけではない。切磋の方法もあるのだ。第一に、終始一貫していることを善とする。田中正玄と菅勝兵衛のような先賢の風を見て、士大夫の手本とすべきである。

阪注 「七〇 談論」からここまでは、さまざまな人間関係への対処のように読める。

八一 論語

【間話続上 三十六丁ウ】

孔子の教学の方法は、『論語』よりも揃い整っているものはない。孔子はその門人弟子を教えるとき、どの人も、その人の気質の癖を直して、中止の道に適うことを主意とした。

ゆえに、孟懿子が孝を問うたら、「まちがえないように」と答えた。孟武伯が孝を問うたら、「父母にはただ自分の病気のことだけを心配させるようになさい」と答えた。子游が孝を問うたら、「犬や馬でさえみな十分に養うということはある」と答えた。子夏が孝を問うたら、「顔の表情がむずかしい」と答えた。

ひとしく孝を問うたのは同じで、その答えは各々異なる。たとえば良医が病を治療するのと同じである。その人の病の症状によって、陰陽虚実にしたがい、薬の処方は種々異なって、その病に的中するのと同じである。

およそ人の本性は善であるが、清濁明暗、過ぎると及ばぬの相異がある。耳目口鼻両手両足の欲があって、人身の陰陽の調和を失い、病に罹る。病を除きされば、無病強健の身となる。気質の偏りを矯めて私欲のわずらいを除きされば、性善の本体に復するのである。

聖人は大医王であって、天下の多くの病苦を救う。『論語』は実にその薬の処方を載せる『傷寒論』(漢の医書)と同じである。後世の大儒学者は皆孔子の教えを主とするが、大抵それぞれが自得して新しく考え出したことを主張しようという願望が強い。どれも、聖人の道から自得した良い処方である。彼が一方を主張したとしても、三臓円・八味地黄丸・万病円を用いて何の病にも良い薬を調剤し、あるいは蜜練(蜂蜜でねり合わせて作った薬)または散薬にして看板を掲げて病人を治療するのと同じである。どれも効能があるので、学ぶ人は服用すべきである。

しかしながら、孔子の、一人一人病人を診察し、その虚実寒熱にしたがって、調合した薬剤を処方し、加減を加えるという治療が、神妙で奇特な効果があるというのには、及ばないのである。今の世には、孔子のような良医がいないので、学問に志がある人は、『論語』を熟読玩味して、その中に、自分の気質の偏った所、私意私欲が過ぎると及ばぬの違いがある所、種々の病気の性質を精察し、自分の病気に適した良薬を『論語』の中から検出して、朝夕服用するのがよい。そうすれば、その病は自然と平癒する。

昔、後光明天皇は平生雷鳴を嫌ったが、ある日『論語』（「顔淵篇」）の「己に克ちて礼に復す（私欲にうち勝って、礼にたち返る）」の注（朱注）に「須らく己の偏なる処従《よ》り克ち将《も》ち去るべし（かならず、自分の偏ったところから、うち勝ってゆかねばならない）」ということばをご覧になってから、雷鳴のときは紫宸殿の玉欄のそばに出たので、ついに雷鳴を恐れなくなった。まことにありがたい聖徳である。

明の太祖は、『論語』（「学而篇」）「千乗の国（注一）」の一章を読み、まことに治国の良い規範、百世の師と深く感じた。

宋の趙孟頫《ちょうもうふ》（もと宋の宗室。元に降り、翰林学士承旨となる）は、箱の中にただ一巻の『論語』があって、「私は『論語』の半部を用いて太祖（クビライ）をたすけて天下を平定し、半部を用いて太宗（テムル）をたすけて泰平を開いた」と言った。

李東陽（明の孝宗の時、官は文淵閣大学士。機務に預かった）は、『論語』（「学而篇」）の「用を節して人を愛す（費用を節約して人々をいつくしむ）」の一語を感賞した。

呂祖謙（宋、官は直秘書閣著作郎国史院編修）は、せっかちな性質であった。ある日、『論語』（「衛霊公篇」）の「躬《み》自ら厚くして、薄く人を責むれば、則ち怨みに遠ざかる（われとわが身に深く責めて、人を責めるのをゆるくしていけば、怨みごとから離れるものだ）」の章を読んでから、性急なる病をのぞき去って、温厚な君子になった。

これらは皆、『論語』の薬の処方によって、その病を治療した実際の効果である。『論語』二十篇には、良い処方や神妙な伝えが山積している。しかし、世の学ぶ人は、ただ藪医者が『傷寒論』を読むのと同じで、その処方を用いるための活用法が無い。良い処方が山積していても、わが病を治療しないのは、宝の山に入って玉を得ないようなもので、非常に残念なことである。後漢の郭玉の伝に「医は意《い》なり（注二）」とある。『論語』の字句は誰もが解するが、わが意（思慮）でもって運用するための活用法は、難しいのである。

注一　「千乗の国を道びくに、事を敬して信、用を節して人を愛し、民を使ふに時を以てす（諸侯の国を治めるには、事業を慎重にして信頼され、費用を節約して人々をいつくしみ、人民を使役するにも適当な時節にすることだ）」

上

注二　『後漢書』「方術列伝下」「郭玉」に「医の言《げん》を為すや意なり〈医術は、言うなれば意〈思慮〉である〉」とある。

※

孔子教学の方《かた》は論語より備はるはなし。その門人弟子を教ふる、皆、その人、気質の癖を直し、中正の道に叶ふを主意とす。

論語の字句は誰も解すなれども、吾意を以て運用の活法は難しきことなり。

艮斎間話続　下

東奥　安積　信

八二　武を尚ぶ

【間話続下　一丁オ】

安永九年（一七八〇）、清国の商船が漂流して安房国に到った。児玉琮《そう》（岩槻藩儒、号南柯）は、字を卿甫と言い、清国の船主沈敬瞻《しんけいせん》らとの筆談（『漂客紀事』一八〇四年）一巻を著した。その中に、児玉は清国から長崎に到る里程を問うた。沈敬瞻は言った。

「わが地から長崎に到るまでは三十六更です。一更は六十里であり、合計で二千百六十里です。およそわが国の言う一更は、日本の基準で言えば約六里ですから、実に二百十六里のみです。追い風にあえば、数日で到ることができます」とある。

『武備志』（「四夷」）「日本考」に「筑前州花旭塔《はかた》の津に松林有り、方長十里なり」、茅元儀の自注に「十里と名づけて、百里有り」とある。朝鮮の申叔舟の『海東諸国紀』に「日本の一里は、我十里に当たる」とある。わが国の一里が、中国の十里に当たるのは、これにて明らかである。朝鮮の里程も中国と同じである。

『明朝紀事本末』（巻十四）に「明の領土は縦一万九百里、横一万千五百里、四方の遠いはては、よく賢臣に任せて、自らは政事に関与しなかった」とある。わが国の里程によって数えれば、縦千九十里、横千五十里で、まことに天下の大国である。ロシアは中国より広大だが、極寒不毛の地が多く、人民が少なく、中国には及ばない。ことに聖人が群がり出た国なので、礼楽文物の盛んなさまは、どの国よりも優れている。

そのため漢土の人は自ら誇張して「中華の」「中国の」と称し、他の国は皆夷狄と軽侮するのである。わが国の儒学者も、漢土を中華なんどと称するのは見識のない言であって、外国を貴んで自分の国を賤しめるのは、大きな誤りである。広大な天地から見れば、どこを中としようか。漢土だけが中国ではないのである。

漢土は礼楽文物が盛んな国だが、その流弊は虚礼・驕奢・柔弱の風となり、また夷狄と国境を接するので、漢の匈奴、晋の五胡、唐の突厥《とっけつ》（トルコ系遊牧民族）・回紇《かいこつ》（ウイグル）に代々侵略蹂躙された。唐末からは契丹が強く盛んで、石敬塘は契丹の兵力を頼って天子（五代後晋の初代皇帝）となり、燕雲十六州（河北省北部と山西省北部）を献じた。だから、北方民族はますます猛威をふるい、ついに蒙古は宋を滅ぼし、四百州の王となり、礼楽文物の国は、氈裘《せんきゅう》（毛織りの皮衣）腥羶《せいせん》（なまぐさい）の国となった。嘆かわしいことだね。

明の太祖は草莽（在野）から崛起《くっき》（急におこり立つ）し（注一）、蒙古を討ち滅ぼして回復した。しかし、明末、政事が壊乱して無頼の賊が跋扈し、さらに韃靼（満州族）によって奪われた。これは天運かもしれないが、虚礼・驕奢・柔弱の風から、このようになった。

わが国は領土は小さいが、扶桑（中国の東方海上の島にあるという神木「扶桑」を産する国）、日出ずるの国、東方精華の気があつまる所であって、人物の雄毅・英武・忠直の風が太古から盛んで、もっとも武を尚ぶ国である。

注一　吉田松陰は「草莽崛起」の語を用いて「在野の志士よ、国体を取り戻すために立ちあがれ」と倒幕を鼓舞したが、その本となったのは、この章の「明の太祖草莽より崛起し蒙古を討滅し恢復し玉ひし」であろう。「草莽」は、「野《や》に在《お》るを草莽の臣と曰ふ（士が仕えないで田舎におるのを草莽の臣という）」（『孟子』「万章章句下篇」）に拠る。「崛起」は、「山がそばだつ」意で、山を愛した艮斎が好んだ語である。

八三　大和魂

【間話続下　二丁ウ】

神武天皇は神聖武勇によって海内を統一し、一億年の大基を建てられた。日本武尊は勇武によって東夷を平定し、大臣武内宿禰は精兵をひきつれて三韓を征討した。その威光は百の蛮族を震わせ、外国からわが国を侵すことはできなかった。

ただ蒙古の忽必烈《くびらい》は、わが国が使節を通じないことを憤り、范文虎を大将として十万の兵を率い、わが国の西辺を侵略したのである。忽必烈は一代の英主であって、強くて猛々しい金を滅ぼし、跋扈する西夏（宋代にタングート族が建てた）を破り、ついに南宋を取って天下を統一した。その強大さが知られる。

ゆえにわが国を、海の真ん中のぽつんと離れた小島なんどと軽侮した。その眼中に六十余州はないものと、驕り高ぶった心で、南宋を取った破竹の勢いに乗じて、鵬の翼のような大雲が起こったかのように、数百艘の軍艦が攻め入った。しかし、二度と立ち上がれないほど大敗し、十万の兵は皆海底の魚腹に葬られた。帰った者はわずか二、三人である。このように、わが国の武勇は盛んなのである。

この時、北条時宗は鎌倉にいて、指揮は皆適切であり、西国の将士が力戦して強敵を破った。これはわが国の万世の名誉である。

豊臣秀吉は朝鮮を征した。碧蹄館《へきていかん》の戦いに、小早川隆景・毛利秀包《ひでかね》・立花宗茂は、三、四万の兵で明の李如松の二十万の兵と格闘した。秋風が落葉をはらい、猛虎が群羊を駆るようなもので、明兵は大敗して死者は四万余人。李如松も井上某にもう少しで生け捕られるところであった。李如松は名将李成梁の子で、北辺ではしばしば戦功を顕し、一世の名将と称せられた者である。しかしわが国の武勇には敵しがたく、一戦して大敗し、かろうじてその身は免れ、数万の精兵を失った。気力を失って夜通し痛哭し、病と言って代わりを請い、いそいで逃げ去った。このように、わが国の武勇は盛んなのである。

もっともこの時代、わが将士は百戦錬磨の余勢があったが、もとより日出ずる国は、東方精華の気のあつまる所で、人物の雄毅・英武・忠直の風がある。いわゆる大和魂というものは、万古変わることがない。国内の戦争とはちがい、外国との戦いなので、見苦しく敗走して、六十州総体の恥辱となることを深く恥じて、皆身命を捨て、英名を死後に留めようと覚悟したのである。

このときの戦いに、小早川隆景は、

「私は海を渡ったときから、わが国に帰る心はない。明兵と戦って屍を戦場にさらすのは、老年の幸いである」と言った。

立花宗茂も、前夜に兵士に対して、

「明日は十死一生（ほとんど助かる見込みがない）の戦いと思い定めた。みなもそう心得よ」と言った。

こうも必死をきわめて戦ったのは、外国との戦いは日本国の栄辱に関わるからである。雄毅・英武・忠直の風は、わが国の美風で、万古不滅の士気であるから、ますます鼓舞振励して武備を精練し、国家を守らねばならない。

八四　鉄砲・大砲

『明史』に「日本人は陸戦に長じ海戦に劣る。船は小さく火器（鉄砲・大砲）が備わらない」とある。朝鮮熊川の戦いに、李舜臣は亀甲船《きっこうせん》（十六世紀末に用いられた朝鮮の軍船。上部を厚い板で亀の甲のようにおおった）でもってわが兵を破り、わが兵は死者が多かった。

脇坂安治も猛将だが、敗北した。しかしながら、安治が憤激して残兵を用いて敵船を奪ったのは、抜群の英武であった。加藤嘉明も勝利したが苦戦した。海戦に劣るところが原因であろう。

周の世宗（五代後周の第二代皇帝）が南唐を征したときに、南唐の兵は海戦に長じ、船の進退が自在で、周の兵は進むことができなかった。世宗は汴京《べんけい》（開封《かいほう》）に帰り、船を造り、海戦を習わせた。操練に習熟してから、また南唐を征討し、大勝を得た。劣ることも、習練すれば長じると見える。

明の人は船が大きく、わが国は船が小さい。だから敵わないというが、大船で不便なこともあり、小船で便利なこともある。

『明史』に「オランダが頼みにするものは、巨船大砲である。船の長さは三十丈（九十メートル）、広さは六丈（十八メートル）、厚さ二尺あまり、五本のマストをたて、後に三層楼をつくり、わきに小窓を設け、銅砲を置き、マストの下に二丈（六メートル）の鉄の大砲を置く。これを発砲すると、石城を貫いて破裂し、数十里（中国の一里は約四百メートル）がゆれる。けれども、その船は巨大で転じにくく、あるいは浅瀬にあえば動くことができないので、オランダ人は十分に戦えず、それで往々にして負けた」とある。

このように、大艦は小回りがきかないので、敗北をまねくこともある。すべて大艦には大艦の長短がある。小船には小船の長短がある。名将は、自分の長所を用いて敵の短所を撃つという活用法を持っている。

宋と金との戦いに、金の兀朮《ごつじゅつ》は、鉄騎を左右の翼に分け、拐子馬《かいしば》（重騎兵三人を革の索《つな》で連ねた）と名づけて、みな女真《じょしん》（ツングース系の種族）を使い、もっぱら堅い守りを攻めた。

宋の岳飛は偃城《えんじょう》（湖北省襄陽県の北）を守っていた。兀朮は五千の拐子馬で攻め入った。岳飛は歩兵に麻札刀を持って敵陣に入らせ、

「仰ぎ見てはならぬ。かまわず馬の足を斬れ」と号令をかけた。拐子馬は連なっているので、一頭の馬が倒れると、二頭の馬も進むことができない。岳飛の軍は奮撃して、ついに大いに金軍をやぶった。

兀朮は慟哭して、

「海上から兵を動員すれば、必ず勝てる。今はもうおしまいだ」と非常に憤ったという。

兀朮は楊沂中と戦った。金軍は拐子馬を両翼に仕立てて突進した。楊沂中は一万人の兵に長い斧を

持たせ垣根のようにして進ませて、大いにこれをやぶったという。敵に陣を堅固にする方法があれば、名将はまたこれをやぶる方法を作り出す。

小船は軽くて自在ですばやいので、巨艦を撃って火攻めを用いるには便利である。またわが国の火器が備わらないと言うのは、嘉靖中（一五二二〜六六年）の倭寇のことを言うのである。このとき、わが国が用いたのは小銃で、大砲は用いなかったのである。

中国で大砲が使われはじまったのは、蒙古が金の汴京を攻めたときである。金の人が震天雷という大砲を発したことが、『宋元通鑑』に見える。元が宋を侵して襄陽を攻めたとき、西域の大砲を用いて城をやぶった例がある。よって、襄陽砲と名づけた。

明の成祖（第三代皇帝、永楽帝）は交阯《こうし》（ベトナム北部）を平定し、神機槍《しんきそう》（矢を発射する管形の火器）の製法を得て、神機営（火器の部隊）を置いた。

正徳《せいとく》（一五〇六〜二一年）の末、フランス国の船が広東《かんとん》に来て、神機槍の製法を習得して大砲を作った。長さは五、六尺、巨きい腹、長い首、腹に長い孔《あな》があって、子銃五丁に弾薬をたくわえその腹に置く。ひとたび発すれば、百余丈（三百余メートル）の外である。水戦に最も利があり、蜈蚣船《ごこうせん》（明代に造られたむかで形の戦船）にのせれば、向かうところ、焼けただれないものはなかった。これを大将軍と言い、『明史』の「兵志」に載る。このほか、「火獣布地雷砲」「鉄捧電飛砲」等の砲が種々ある。

万暦中（一五七三〜一六二〇年）、西洋の蛮船が来て、巨砲を得た。紅夷砲（オランダから伝来した大砲）という。長さは二丈ばかり。天啓中（一六二一〜二七年）、紅夷砲は大将軍の位号を賜わり、官吏にこの砲を祀らせたという。みな大砲である。

わが国の兵は、もっぱら鳥銃を用いた。朝鮮の戦いに李松如は言った。

「倭国はただ鳥銃を用い、わが国は大砲を用いる。あれがどうして当たろうか」

李松如が平壌を攻めたとき、大砲や火箭を用い、毒煙を発した。わが兵は毒煙を吸い、目がくらんで戦うことができなくなった。城はついに陥落した。小西行長は走って、漢城（ソウル）に帰った。このとき、わが国は鳥銃だけだったので、「火器が備わらない」と言ったのであろう。

このとき、わが国にも、大砲がないわけではなかった。「天正五年、蛮船が豊後にいたり、二門の大砲を大友宗麟に贈った。その伝は、ついに広まった」と中井竹山の『逸史』に見える。しかし大砲は取り回しが不便なので、戦闘に用いるのは稀である。ゆえに、わが西国の士民が福建省や浙江省を侵掠したときも、朝鮮の戦いにも、鳥銃だけをもっぱら用いたのである。後世になると追々精巧になって、今はわが国も火器が備わったと言い得る。

鳥銃の起こりは、薩摩国種子島からはじまると思っていたが、その実は、豊後の大友氏から起こった。新井白石の『采覧異言』に、

「ポルトガルは西洋の大国である。わが国に西洋人が来たのは、この国からはじまる。天文十年（一五四一）秋、大船一隻が豊後国の神宮浦に到った。船に乗っていた者は二百八十人で、茅元儀《ぼうげんぎ》が言うところの、『西洋のポルトガルが鳥銃を豊州に伝えた』というのが、これである。十二年（一五四三）の秋、ポルトガル人が六隻の大船に乗って来た。その中の一隻が種子島に停泊したことが『南浦《なんぽ》集』に見える」とある。

『南海治乱記』（巻之七／一七一四年、兵法家香西成資《こうざいしげすけ》著）に言う。

「鉄砲は永正以来、豊後の大名大友をこそはじめとする。ゆえに、伊予の大名河野《こうの》通直《みちなお》は大友義鑑《よしあき》と和睦し、府内から鍛冶を呼び、塩硝《えんしょう》（火薬の原料）の取り方、玉薬《たまぐすり》（鉄炮の火薬）のつくり方を習わせて、国中の火器を十分に備えた。これ以来、鉄砲の功を顕し、東国に及ぼして河野流と称した。

海辺を守るには、砲石砲矢が大きいよりも有利なことはない。けれども、にわかに大砲をつくることはできない。松の生木を彫って筒とし、鉄輪《かなわ》を入れて堅固にして矢を発した。しかし木筒《きづつ》は壊れて保たなかった。ある人が工夫して、竹の輪を桶の輪のようにつくって、それをせめ懸けて堅固にして矢を発した。木筒は損なわずに保った。これを幸いとして鍛錬し、木筒の利をはかって、中国の兵船をくだいた。こういうわけで、木鉄砲《きでっぽう》は伊予国河野氏から起こったのである」また言う、

「鉄砲は薩摩国種子島からはじまると言うが、その伝来は大友家から世上に広まった。河野氏が伝

を受け継いで、精錬を加えた。河野に学んだ者は諸国を行脚し、その術を教えて河野流と言った。その中に名声を得たのは、武田信玄に仕えた佐藤一甫の類である。甲斐国の八重森家昌もその徒で、伊予国の七森氏の支流と言われている」

これに拠れば、鳥銃のはじまりは大友氏である。種子島で鉄砲を蛮人から得て製作したその詳しいことは、薩摩国の名僧（南浦文之《ぶんし》）『南浦文集』に見える。

注一　他、『宋史紀事本末』巻七一・『宋史』巻三六五「列伝」「岳飛」、巻三六七「列伝」「楊存中」・『明史』巻九二「志」「兵四」にもとづく。

八五　浩然の気

【間話続下　七丁ウ】

人は陰陽の気から生じるので、一身の気はつまり天地の気である。この気の本体は至大至剛（この上もなく大きく、この上もなくつよい。『孟子』「公孫丑章句上篇」の語）なるもので、金石を貫き、宇内に充塞するのである（同篇に「天地の間に塞《み》つ」とある）。集義（たえず道義を行う）の工夫によって養うのが、孟子の「浩然の気」（人の身体にみちる広く強い気）である。

古の英雄は孟子とは相異があるが、この気が盛大なのである。楼煩《ろうはん》（騎射に長けた者）が弓を引いて項羽を射ようとしたとき、項羽が目をいからせて叱ると、楼煩は目がくらみ、身がふるえ、人馬がしりごみしたという。いわゆる蓋世《がいせい》の気(注一)を想像してほしい。

新納《にいろ》武蔵守忠元がはじめて豊臣秀吉に謁見したとき、秀吉は、

「まだ戦がしたいか」と言った。新納は、

「主人一心斎(島津義久)に敵対するならば、何度でも戦はいたす」と答えた。秀吉は、

「さすがの勇士である」と言い、陣羽織を脱いで下賜した。新納は進みでて拝受し、次の間に退いた。秀吉は、

「まだ、やる物がある」と言って、かたわらに立て置いた白刃のなぎなたのけら首(穂と柄とが接する部分)を取り、石突《いしづき》(柄の端の、地面を突く部分の金具)の方を出して新納に授けた。新納はおそれつつしんで、身震いしながら、近くに進んで受け取ったという。

帰宅してから、若い壮士どもが新納に、

「今日はいかがなされましたか」と問うた。新納は、

「太閤殿は我らが手向かう人ではない。今日はわしも腰が抜けた」と答えた。これは新納が、「わしは謁見の時、秀吉を一刀に刺す」と人に語っていたからである。

秀吉の気が盛んで、勇士を抑えつけて服従させたことは、項羽に譲らない。人の気は一身に流れゆ

き、毛穴から煙のように発出する。人の目にその形は見えないが、必ず発散する。英雄の人は、その気がさかんに行き渡って、人に衝撃を与える。形のない英気が、形のある矢石よりもその心志を圧倒するのだから、強いものと見える。

大力の壮夫が奮然として勇気を張れば、骨格が盛んに起こって金鉄も透らないのである。近い時代に、四ツ車という相撲取りが、芝神明（現、芝大神宮）で大勢の鳶の者と喧嘩になり、三、四人を斬り伏せた。

「鳶の者どもは鳶口（樫の棒の先に鳶のくちばしに似た形の鉄製の鉤をつけたもの）をふるって四ツ車を撃ったが、はねかえって透らなかった」と老人の話に聞いた。その気が壮強であることがわかる。

ましてや聖賢が道義によって涵養した、盛大流行の気となると、蘇軾が言うところの、

「不意にこれに出あったならば、張良・陳平（漢の高祖の謀臣）もその知略を失い、孟賁・夏育（周代の勇士）もその勇気を失い、張儀・蘇秦（戦国の縦横家）もその弁舌を失うようになる」（注二）とは、よく言いあらわした名文といえよう。

士君子（学があって徳の高い人）は、常にこの気を養って充実しているので、強健の人が寒暑をおそれず、風雨をいとわず、険難の地を嫌わないように、義理を行うにあたって猶予せず、決然と行うことができるのである。この気が足りない人は、虚弱の人が寒暑風雨をおそれて、おじけづいて退く

ように、義理を行うにも力が薄い。

孔子が言う、「義を見て為《せ》ざるは、勇無きなり（行うべきことを前にしながら行わないのは、臆病者である）」（『論語』「為政篇」）とは、このような人を指す。「浩然の気」は、大勇のことであって、踏ん張り強い勢いがあって、道義を行うにも苦労が無いことを言うのである。

注一 世をおおいつくすほどの気。『史記』「項羽本紀」に「力は山を抜き、気は世を蓋ふ」とある。

注二 『文章軌範』「潮州韓文公廟碑」に「卒然として之に遇はば、（中略）良・平も其の智を失ひ、賁《ほん》・育《いく》も其の勇を失ひ、儀・秦も其の弁を失ふ」とある。

八六　一飯に二度の汁

【間話続下　九丁ウ】

人は一日に食を五合と定めたのは滝川一益である。このときは、天下はすべて二食である。だから一飯は、五合を二つに割って二合五勺である（注一）。

北条氏康の前で、嫡子氏政が侍って食していたとき、氏康は落涙して、「北条の家はわれ一代で終わりだ。氏政が食しているのを見るに、一飯に汁を二度かけて食している。およそ人は、貴賤の別なく、一日二度づつの食なのだから、これを鍛練しないということはない。一飯に汁をかける推測を覚えずに、足りないとして重ねてかけるのは、愚昧である。朝夕行うわざさえ推測することができないのに、一皮の中にある人の心を推測し、人を目利きすることはできまい。目利きでなければ、才能ある人を部下に持てない。才能ある人を持たなければ、現在は戦国の折ゆえ、それがしが明日にも死んだならば、名将が隣国から乱入して、氏政を亡ぼすことは疑いない。だから、北条の家は一代で終わるのだ」と言った。（『武者物語』下）

肥後に兵学の士が来て、仕官を求めた。福島正則はこれを召し抱えようとした。笹《ささの》才蔵（可児吉長）はこれを止めて言った。

「あの兵学者は、近頃私とともに食事をしましたが、飯を食べ残しました。兵学は敵の虚実強弱を測って、軍隊を指揮するものです。しかしながら、朝夕二度食する、一椀の中の分量さえ測ることができずに、どうして敵の虚実を測ることができましょうか」と言った。

正則は、この士を召し抱えるのをやめた。

この二条から見れば、一日二食であるとわかる。食事の上で、国の存亡や士の賢愚を悟ったのは、聡明と言える。

ある人が問うた。

「中国では一日に何度食するのですか」

『荘子』(「逍遥遊篇」)に「莽蒼に適《ゆ》く者は三飡《さんさん》にして反《かえ》る(郊外の野原に出かける人は三食の弁当だけで帰ってくる)」とある。『論語』(「郷党篇」)に「時ならざるは食せず(季節はずれのものを食べない)」とある。鄭玄の説に「時ならずは、朝夕日中の時にあらざるなり」とある。だから、中国では後世と同じく三食と見える。

注一　『武功雑記』巻四に「人の食物はとかく朝暮二合五勺宛《ずつ》然るべしと。瀧川左近将監積り定め候由」とある。

八七　高風清節　【間話続下　十丁ウ】

中国には、高風清節の士、たとえば越の范蠡《はんれい》・漢の張良・唐の李泌のように、功成り名遂げてから世を避けた人が多い。わが国でも、万里小路《までのこうじ》藤房は、後醍醐天皇に忠節を尽くし、朝廷の政策を翼賛し、北条氏を亡ぼして天下の大功を立てた。しかし、後に天皇が藤房の諫言を用いなかったことから、飄然として都を去り、雲のあと遥かに遠く、その終焉もわからない。稀代の名賢である。

昔、伊豆の熱海の温泉に浴したとき、村の中を逍遥した。温泉寺という寺があった。この寺は授翁和尚の開基である。「授翁はとりもなおさず藤房卿で、庭中の松はそのお手植えである」と、住持の僧が語った。寺に平沢旭山の記文があった。記の中にも、そのことを載せる。藤房は公卿の位を棄てて僻落山水の間に隠れたのだから、范蠡にも譲らないほど尊い人である。

竹中半兵衛重治は美濃の人で、豊臣氏に従い、機密の計略の参謀であって、およそ秀吉の戦功雄略は竹中が翼賛したものである。「昔楠木、今竹中」と畏敬された人である。

この人は、三木合戦の陣中にあったとき、書写山（円教寺）で若干の僧具を買い求め、高野山（金剛峯寺）にのぼせ置き、城を攻略した後は、かならず世俗からのがれようと思ったと見える（『太閤記』「竹中半兵衛尉」）。秀吉は自分の勢いが起こるにつれて、竹中に及ばないことを察し、彼を深く忌み避けたので、こうも思い立ったのであろう。古の范蠡・張良の類か。

その志が成らずして、その身が早く死んだのは、惜しいことだ。また幸いとも言われよう。まことに尊ぶべき名士である。

天野康景は年少の頃から徳川家康公のかたわらにお仕えし、しばしば戦功を立てて、駿河国の中に一万石（興国寺藩）を賜った。かつて築造（駿府城の大修築）のことがあり、歩卒に命じて竹木を切り置いた。それを天領の百姓が夜中に盗んだので、歩卒に命じて夜番を付け置いた。その夜も大勢来て竹木を奪おうとした。歩卒が制しても聞かないので、憤って刀を抜いて一人を斬り、傷を負わせた。

この者が天領の代官へ訴え、「喧嘩で斬られた」と言った。代官は、人を斬った歩卒を差し出すべき由を厳しく康景に言った。康景は、

「喧嘩ではない。竹木の盗賊と思い、天領の民とは知らず傷つけたのだ。かつまた、私が命じて竹木を守らせ、その盗賊を斬ったというのに、どうしてその者を差し出せようか」と言った。

このことは争論となり、公儀の裁きを受けた。本多正純はひそかに来て諭し、その人を無理に差し出させようとした。康景は、

「たとえ歩卒であっても、わが臣である。臣として君に忠ある者を差し出すのは不義である。私はむしろ禄を棄てて、歩卒を助けよう」と言って出奔し、その死んだところもわからない。（『常山紀談』巻之十八「天野康景廉潔高国寺城を去られし事」に同様の話を収める）

『孟子』（「公孫丑章句上篇」）に「一不義を行ひ、一不辜《ふこ》（無実の者）を殺して、天下を得ることは、皆為さざるなり」とあるが、中国にその事実の確証を見ない。康景の場合は、一歩卒のために、あたかもわらぐつを脱ぐように一万鍾《しょう》（一鍾は六斛《こく》四斗。一万鍾は、わが国の約五千七百五十余石）の禄を棄てて、飄然とのがれた。これは孟子の言に近い。古今にまれな高風清節の名賢である。

【間話続下　十二丁ウ】

八八　治　国

織田信長は、足利幕府の末期、天下がことごとく乱れた世に出て、本を務めた（根本のことに努力した。『論語』「学而篇」に「君子は本を務む」とある）。国は富み、兵は足り、軍装は華やかに整った。

北国へ軍を出したとき、敵国は信長の武威が盛んなさまを見た。「鬼神が天から下ったように感じた」と北国の老人が語り伝えたという。

足利氏に代わって近畿二十余国を平定したのち、非常に厳しく政をととのえ法を立てた。一銭を盗んだ者も死罪に処した。これを「一銭切《ぎり》」と言う。盗賊はおそれて身を縮め、たとえ街道のかたわらに旅人がふくろを置いて午睡しても、一人も盗む者がいなかった。まことに、乱世の一奇事である。

隋の文帝のとき、盗賊が多いのを憂えて、一銭以上の盗みは死罪に処し、天下は騒ぎどよめいた。数人の者が官吏を路上で脅迫して、

「おれは財貨を求める者ではない。ただ冤罪の人がいるから、お前を捕らえた。おれの言うことに従って、天子に上奏しろ。昔から、法を立てて、一銭を盗んで死罪に処することがあろうか。もし上奏しなかったら、おれはまた来て、お前を殺すぞ」と言った。

文帝は聞いて、この法律を廃止した。同じ法でも、織田氏の時は行われ、文帝の時は行われなかった。つまり、時勢により、法を行う人にもよるのだ。

足利幕府の末、天下の大乱は極まり、法令は皆壊れて盗賊が横行した。ゆえに、「乱国は重典を用ふ」（『周礼』「秋官司寇」）の意によって厳令を行った。かつまた行う官吏も英武勇決の士なので、下民は震えあがっておそれ、その法が行われた。

隋のときは南北を混ぜて一つにし、天下が治まって平らかなので、「治国は軽典を用ふ」（前掲書「秋官司寇」には「新国」とある）の時であるのに、厳法を行った。その官吏も気弱で意気地がない士だったので、民に脅迫されて、法令が行われなかった。

織田信長は、かくも勇猛果断の名将で、官吏も剛毅なので、法令は、あたかも水が流れるように自然に行われた。隋の文帝よりもはるかにまさっている。しかし、その身は弑せられ、天下を混ぜて一つにすることができなかった。まことに惜しまれる。

『論語』（「為政篇」）に「之を道《みちび》くに政を以てし、之を斉《ととの》ふるに刑を以てすれば、民免れて恥づる無し（政治で導き、刑罰で統制していくなら、人民は法網をすりぬけて、恥ずかしいとも思わない）」とある。たとえ政刑の二つが厳密で、下民が畏服して悪さをしないとしても、徳義に心服していなければ、心では悪さをするのを恥じない。ただ威刑をおそれるだけである。

聖人が国を治めるにも、政刑の二つは用いるけれども、徳礼の教えがあって、臣民がその徳に服し、自然とそむくに忍びなく、不善をなすに忍びなく、廉恥の心を持って道義に進む。そうすれば、明智光秀のような反逆の臣は出ないのだ。『論語』（「為政篇」）の「之を道くに徳を以てし、之を斉ふるに礼を以てすれば、恥ぢ且つ格《いた》る有り（注一）（道徳で導き、礼で統制していくなら、民は不善を恥じて、さらに善に向かって進んでもいく）」とは、このことを説いたのである。

注一　『艮斎間話』の訓の「斉ふ（統制する）」は古注による。新注では「斉《ひと》しくす（一つに統率する）」と読む。また「格る（善に至る）」は新注による。古注では「格《ただ》し（正しくなる）」と読む。

八九　山水の勝

【間話続下　十四丁オ】

まだ見ぬ山水に遊び、まだ見ぬ書物を読むことは、人生の快楽であり、これ以上のものはない。私が処士（仕官したことのない人）であった時、講義の余暇に、近国の山水を遊覧した。これは実に神仙の楽しみである。

土地の形状を観て、風俗人情を察する。そこから得るものは少なくない。ことに胸襟をひろげ、心を清壮にし、とりわけ愉快である。

わが亡父（安藤親重）はかつて書翰をよこし、「天下山水絶勝の地は神仙が遊ぶ所であって、常人が玩賞するべきではない。たびたび奇絶の境に行くべきではない」といましめた。

天下山水の勝をきわめようとして、大海をわたり、風波をおかして、魚腹に葬られることもある。あるいは諸国を遊歴し、学業をやめて浮浪の人となることもある。「甚だ美有る者は、必ず甚だ悪有り」（『列女伝』「仁智」「晋羊叔姫」）とは、古人の確言である。

寒松堂雑著（『寒松堂全集』巻一二「雑著」／清、魏象枢）に、「昔人云ふ、『願はくは世間の好人を識り尽くし、世間の好書を読み尽くし、世間の好山水を看尽くさん』と。余曰はく、『好人を識るは先づ貧賤愚拙より始まる。好書を読むは先づ学庸語孟（大学・中庸・論語・孟子）より始まる。好山水を看るは先づ祠墓田廬（祠堂と墳墓、田中のいおり）より始まる』と」とある。私はこれを読み、憮然として我を忘れた。

阪注 艮斎の名文は紀行文に顕著である。『遊豆紀勝・東省続録』（明徳出版社）を参照。

九〇 光陰は流るるが如し

【間話続下 十四丁ウ】

今日のことが、何の害もないようで、かえって学業の妨げになり、光陰（日月）をむなしくなげうつことにもなる。もっぱら学業を勧める人は、戒めるべきである。

『蒿庵閒話』（巻二／清、張爾岐）に、「学ぶ人は、酒をほしいままに飲み、遊女と夜を過ごし、賭博することを戒めるべきとわかっている。しかし、閒話（とりとめのない話）を説き、閒書（つまらない書物）を見、閒事（くだらない事）にかかわることを、最も戒めるべきとはわかっていない。

前の三つの事は、もとより下流の者が帰することで、いささか自愛を知っていれば、誰でも訣別できるので、やらない。後の三つの事は、はじめは害が無いようだが、学業をやめ、徳をやぶり、禍が生じて、行きつくところは異ならない。しかもその毒は非常に深い。人は多くは気づかず、気づいてからでは、もはや後悔もしがたい。こういうことを見るのが、すこぶる多い。各自さとりいましめよ」とある。

光陰は流れるように過ぎる。学業を勤める者は、後の三つの事を最も戒め省みなければならない。

阪注 本書を「間話」としたのは、無論、謙遜で、とりとめのない、非学問的な文章だと考えるのは早計である。艮斎は本書で、学問的な記述法でなく、巻頭の「弁言」にもあるように、世の中の誰にも分かるよう、自らの思想を凝縮して書いている。「経書の注釈や詩賦文章の類は、古人が著したもので余りあり、後学が別に筆を執るには及ばない。しかしながら、経学詩文に心を用い、思うことを著述して、世に万に一つでも補うことがあろうかと、その職分を尽くして泰平の恩沢に報いるのは、これもまたわれら儒学者の法と言える。」（五八 恩）。

九一　急がばまわれ

【間話続下　十五丁オ】

事物が煩雑な中にあっても、心が静まり物に動じなければ、その理に的中する。もし繁忙であれば、まちがいを招く。韓琦（北宋の宰相）は、あわただしい時でも、書をかくと、一つも忙筆がなく、端正に書いた(注一)。

森蘭丸が右筆に対して「お急ぎの書状であればあるほど、心を静めてしたためるべきである」と命じたのは、味わいがある。俗に言う「急がばまわれ」とは、この意である。すべて、心が静まっているのは万事によろしい。

注一　『朱子大全』巻八十四「韓魏公の欧陽文忠公に与ふるの帖に跋す」に「韓琦の書は常に端厳で、行書や草書を用いなかった。その胸中が安静なので、わずかな忙意も交じらないのだ」とある。

九二　不動心

【間話続下　十五丁ウ】

昔、江戸草創のはじめは、士民の住居もまだ定まらず、大名高家の邸宅がここかしこにあった。ある諸侯の屋敷内に仮小屋を造って士民が住んでいた。夏の頃蝿が多く、払いかねて、十三、四歳の小《こ》童《わっぱ》に蠅を打たせ、侯も蠅打ちを持って払っていた。

「覚えたか」と小童の背をしたたかに打った。小童は大変驚きすくんで、顔色を変えた。小童は心に思った。

「今の様子はさぞおかしく、また未熟な者と思いたまわんこと、面目ない。もう一度打ちたまえよ」と思って蠅を打ちまわってきたが、また侯ははじめのように言葉をかけて小童を打った。しかし小童はすこしも騒がず、蠅を打っていた。侯がそのわけを問うたので、小童は心に思ったことをつぶさに述べた。侯は深く感じて、

「信長公も秀吉公も、『たしなみの武辺は、生まれながらの武辺に勝れり』（努力して獲得した武辺は、生まれ持った武辺よりも優れている）とこそ思し召された」と言って、刀に時服を添えて下賜した。

『孟子』（公孫丑章句上篇）不動心の章の（公孫丑が「心が動揺しなくなるのには、よい方法がありましょうか」と問うた所の）注に、「程子曰はく、心に主有るときは、則ち能く動かさず（心に主があるときは、動揺しない）」（『孟子集注』）とある。大小高下があったとしても、理は同じところに帰するのである。

北宮黝《ほくきゅうゆう》は「必ず勝つことを以て主と為す（必ず勝つことを心の主とする）」（朱注）、孟施舎は「懼ることと無きを以て主と為す（懼れないことを心の主とする）」（朱注）という。心に主があれば、精神が純一になって、驚懼しない。

この小童も、はじめは心に主がないので驚愕した。後には心に主があるので驚懼しなかった。古の名臣賢相忠臣烈士の行為などを平生見聞きして心に覚えておき、事に臨んだ時の心得にする場合も、義理（正しいすじみち）を探究して心身を修養する場合も、自分の心に主があって空虚にならないように工夫する。

しかし、平生は心に主があるように思っていても、実地に臨んでは、案に相違して度を失うにいたる。このところがとりわけ工夫（修養）が緊要なのである。平生学んでいても、このところで度を失えば、十年の功を空しくする。よって、志を起こし、気を帥《ひき》い、脊梁《せきりょう》（背骨）を硬くして（注一）行うのでなければ、非常に難しかろう。

かつまた信長公の「たしなみの武辺は、生まれながらの武辺に勝れり」とは、面白いことばである。臆病者も、たしなめば勇気が生ずるのである。

武田信玄の頃、岩間大蔵左衛門という猿楽の者が取り立てられて武士となった。大の臆病者で、七度も大事な場から逃げて、一度も戦闘しなかった。信玄は、「崑崙山の鉄は金に変化するというのだから、術を使えば、武辺にならないことはない」と言った。あるときの合戦で、この男を盾の面に縛りつけ、矢玉が雨のように来るところへ押し出したが、矢にも鉄砲にも当たらず、恙なかった。それで大蔵左衛門ははじめて悟り、

「人は運さえあれば矢も鉄砲もむやみに当たらないもの」と言って、その後は、一度も戦場から去らず、軍功を立てたのだ。

銭大昕《せんたいきん》（清、考証学者）『恒言録』に「死人の頭辺に活鬼（生き霊）有り、強将の手下に弱兵無し」というのはこのことである。信玄の士を励ます術によって、大の臆病者も勇士となったのである。

注一　巻之上「天下の楽」の注に「男子惟《こ》れ当に脊骨《せきこつ》を強くして……」の句を含む艮斎詩を紹介した。

九三　勇士はその元を喪うを忘れず　【間話続下　十七丁オ】

古の名君の訓《おし》えに、

「武道をたしなむ士は、戦場におもむく時、死ぬ覚悟で戦う心が無くてはならない。白い歯の者は、歯が黄にならないように心がけるべきだ。髪も香をとどめるのがよい」とある。

上田宗箇《そうこ》（織豊・江戸前期の武将、茶人）は言った。

「武士は討死して首《こうべ》になったときの事を心にかけるべきである。月代《さかやき》が後さがりなのは、首になったとき詫び言《ごと》顔になり、見苦しい。後高に剃るのがよい。剃刀《かみそり》を陣中に持参し、一戦の前日に月代を剃って首を綺麗にしておくものだ」

まことに、古の勇士の心がけは格別なもので、『孟子』（「滕文公章句下篇」）の、「勇士は其の元《こうべ》（首）を喪ふを忘れず（勇士は義のためなら、いつ首をとられても、いささかも恐れぬものである）」ということを十分自得していたのである。

また、鎧よりも冑《かぶと》を十分に鍛えて華麗にする。首になったとき、討った人もその冑をとりそえて大将の前に出したならば、冑がよろしければ功にもなり、その人が賤しくない身分であることも知られるのである。

木村重成が戦死して首実検になったとき、めずらしい香りが馥郁として座を薫じたのは、髪の内に伽羅の香りをとどめていたのである。まことに壮士の死は心がけがよろしく、衆人が感賞したという。

【間話続下　十八丁オ】

九四　倹　素　(3)

昔は後世よりもいろいろな物が不足していたので、その分大切にしたと見える。人も篤実で倹素を守った。まず紙の一事で見れば、昔は紙を一度使用して、その後はまた裏に文字を書きしるしたので、反故紙《ほごがみ》と言った。『南史』に「沈麟士は火災にあって、数千巻の書物を焼失した。八十歳を過ぎていたが、なお聡明で、反故紙を用いて抄写し、また二三千巻を作った」とある。中国も同じである。故紙を反《かえ》して用いるので、反故と言うのだ。

三輪執斎の養子の説（「養子の弁を弁ず」）を書きとめた文で、反故に書いてあるものを見たと人が語った。また水戸黄門は紙を深く惜しみ、他から来る書簡の包み紙を、長短かまわず継ぎ足して、詩歌の草稿をしたためた。座席に水がこぼれることがあれば、紙でふかず、木綿のきれで拭わせた。

女中に、「紙をむだづかいしてはならぬ」と言っていたが、むだが多いので、

「紙を漉くのを見てこい。たいそう面白いものだ」と言って、松草村（現、常陸大宮市松之草）に女中衆を遣わした。その日、北風がはげしく寒気がはなはだしかったが、川の上に桟敷を設け、簀の子の上に一枚の薄べりを敷いて、それを観た。

紙を漉く男女が、素足で川に入ったのを見て、女中衆は大変驚き、かつまた寒気に堪えがたかった。帰った後に、紙を漉く艱苦を説いた。黄門は、

「そのように、紙は容易には作りがたいものだから、むだづかいしてはならぬと戒めたのである」

と言った。女中はこの後は多く費やすことがなくなったという。

私は嘉暦四年（一三二九）の古写本を蔵する。今から五百十余年前のものである。『淮海拏音《わいかいだおん》』という南宋の釈元肇《げんちょう》の詩集である。わが国の僧徒が写したと見えて、後に禅録がある。半紙のような生紙《きがみ》で、片面一行二十八字、十四行にて、すこしもむだが無いように字配りし、細字で写している。こうも紙を惜しむのを見れば、昔は紙不足と見える。かつまたその倹素の風が想像される。

後世は、紙をむだにつかうので、紙の入り用が昔に十倍し、価格も追々に高くなった。紙だけでなく、布帛器物の類も皆これに準ずる。

注一 水戸黄門の逸話は、立原翠軒『西山遺聞』下巻に「紙を惜みたまふ事」の題で載る。なお、戦前の修身の教科書に、「節約」の教材として用いられた。

九五　公　欲

【間話続下　十九丁オ】

およそ血気心知がある者は、無欲ではいられない。欲には公欲があり私欲がある。農民が寒冬に耕し暑夏に草ぎるのは、秋になって五穀を収穫する欲である。商人が朝夕商売に奔走するのは、一割の利を得る欲である。その相当の利を得ることは、公欲であって悪心ではない。

たとえば農民が耕作をせず、博奕にふけって一時に金銭を多く得ようとするのは私欲である。商人も分外に高値に売り、人をあざむいて大利を得るのは私欲である。聖人が国を治めるときは、民の私欲をとどめ、公欲を奨励して、農耕につとめる者に対して褒賞するのである。

『孟子』に「民が望むのなら事を与え物を集め、民がきらうのなら施さないまでのことだ(注二)」とある。これは、公欲を達するように治めることをいう。

だから、『礼記』（「礼運篇」）にも「人情以て田と為す（礼が教育の手段であり、人の性情が教育作業の行われる田〈場所・対象〉である）」とある。先王の政（普遍的な政）は、天下の人情を本とし、残虐苛烈なことがなく、その分限にしたがって、仰事俯育(注二)（一家の生計を成り立たせる）の願いを達するのである。

しかし、礼義の教えが無ければ、公欲は変じて私欲となり、非義を行うにいたる。だから学校を設けて、私欲に流れないように教えるのである(注三)。

士たる者も、公欲があって職事を精勤して褒賞を得ようとするのは公欲であり、悪心と思ってはならない。公欲によって善事を勤めるように、先王（上古のすぐれた君主）は勧誘したのである。

もし公欲まで捨てれば、大賢君子の他は、老荘となり禅学となり、仕官も厭い世事も嫌いになり、晋の阮籍・嵆康のようになって、礼義をないがしろにし放蕩に流れるのである。大賢君子が仁義忠信を行うのは、農民が五穀を欲し、商人が財貨を欲するのと同じである。深く知って一生懸命に行うのは別格の人で、世には非常にまれである。

先王が世を治めるときは、賢人君子を用いて天下の人を律することがなく、常人の道を用いて遇するので、民は従いやすく服しやすい。周公旦（周の武王の弟）は「公平簡易で民に親しまれれば、民も従いやすい(注四)」と言い、張横渠も、「衆人を規準にして人々に要望すれば、人々も従いやすい(注五)」

と言う。

近い時代の一賢侯が著した書物（松平定信『花月草紙』）に、「『戸《こ》ごとに富み、家ごとに足る（戸富家足）』などと言うのはどういうことなのかと聞かれるが、『風俗が質樸で、上下の制がある』ことを言う。おのおのその分を守らず、奢りに流れてゆけば、たとえ貢ぎ物（税）をみな民に与えたとしても、富みかつ足ることはあるまい」とある。まことに得がたい、意味の深い言である。

注一　「離婁章句上篇」に「欲する所は之を与へ之を聚め、悪《にく》む所は施す勿からんのみ」とある。「所欲与之聚之」の「与」について、後漢の趙岐（古注）は「与ふ」とよむが、朱子（新注）は「為に」とよむ。艮斎は古注を採った。

注二　『孟子』「梁恵王章句上篇」に「仰いでは以て父母に事ふるに足り、俯しては以て妻子を蓄《やしな》ふに足る」とある。

注三　『孟子』「滕文公章句上篇」に「庠序学校を設《つく》為りて以て之を教ふ（学校をつくって人民を教育し、人の道を教える）」とある。

注四　『史記』「魯周公世家」の周公旦の言に「平易にして民に近ければ、則ち民は従ひ易し」とある。

注五　『朱子語類』「中庸二」第十三章に「衆人を以て人を望むは、則ち従ひ易し」とある。

阪注　武士だけでなく農工商それぞれに勤労と対価の関係がある。職人の生産物に対して、購入者は代金を払う。双方共に行うべきこと（義）を行う。商人の商品も同様である。いずれも自分のためだけではないから、勤労と対価は私欲にはならない。農民だけは、耕作に対価を与えるのは自然である。しかし自然は毎年必ず実りをもたらす訳ではない。武士の勤めは、外敵だけでなく、あらゆることから民を守ることである。しかし凶作にもかかわらず、重税等によって行うべきことを行わなければ（非義）、一揆が起こり、それは誰にとっても良くない。だから五倫を行うことが必要なのである（「二一　君臣⑴」）も参照。私欲と公欲の違いをはっきりさせるのは礼義である。

九六　礼は中道をたっとぶ　【間話続下　二十丁ウ】

礼の制は、中道（過不足のないやり方）をたっとび、その爵位の分限に応じることを善しとする。管仲（春秋、斉の桓公を助けて覇者にした名宰相）は、天子の礼をおかした。「簠（穀物を盛る器）に彫刻をほどこし、冕冠の懸け紐を朱色にした（天子諸侯の品）。家の柱の頭に山を彫刻し、梁の短柱に藻を彫刻した（天子の廟堂の装飾）」（『礼記』「礼器篇」）の類は、あまりに非礼なので、『礼記』（「礼器篇」）に「識者から礼を乱す者とそしられた」とある。

管仲は一世の人傑で、天下を正しておさめた功がある。しかし聖人の大道（普遍的な道理）には暗かったと見えて、自分の功を誇り、その礼は非常に僭越なものであった。だから孔子は、「人物は小さいね」（『論語』「八佾篇」）とそしった。

晏平沖（春秋、斉の政治家）は、管仲とは異なるが、あまり倹に過ぎ、大夫の礼を失った。だから、『礼記』（「礼器篇」）に「識者から物おしみすると言われた」とある。大夫が洗濯した衣冠を着装しているようでは、人々は誰も服従しない（注一）。

しかし、孔子も「贅沢であるよりはむしろ質素にせよ（注二）」と言う。管仲と同様に論ずるものではない。このとき、斉の景公ははなはだしい驕奢の君主で、一国がその風に移り、奢侈を競った。だから晏平仲はこれを矯正しようと思う心から、「澣衣濯冠（洗濯した衣冠）」を着て、ただ一着の皮衣で三十年を通した（注三）と見える。だから、古人も「世の人々に奢侈の風があるときは、君子は倹約の模範を見せて矯正する（注四）」と言った。晏平仲はこうも倹素で、一族または斉国の困窮している者に慈仁（いつくしみめぐむ）を施して救ったのだから、賢いのだ。

注一　朝廷に上るには、洗濯した衣冠は用いず、汚れたら新品に換えるべきであるのに、晏平沖は洗った衣冠を着装して宮中に参内した。『礼記』「礼器篇」。

注二　『論語』「八佾篇」に「其の奢らん与《よ》りは寧ろ倹せよ」とある。

注三　『礼記』「檀弓下篇」に「晏子は一狐裘三十年」とある。

注四　『礼記』「檀弓下篇」に「国奢れば、則ち之に示すに倹を以てす」とある。

阪注　前話を受けて、なぜ礼が公私を明確にできるかについて述べている。「礼の制は、中道（過不足のないやり方）をたっとび、その爵位の分限に応じることを善しとする」から、公欲と私欲の境を明確にするのである。現代の礼と意味が違うようだが、礼の本質はこのようなものだと納得できる。

九七　古礼を失わず

【間話続下　二十一丁ウ】

『礼記』（「礼器篇」）に言う。

「礼は、君子たる者が、天時の推移に応じて事を行い、地の生産の力に頼って物資を積み蓄え、鬼神を敬い、人々と和合し、こうして万事を処理し、天下を治めてゆくための手段である。（中略）山に住む人が魚を礼に用いたり、湿地に住む人が鹿や猪を礼に用いたりするのは、君子から見ると礼をわきまえないことなのである」

この言を見れば、礼はその土地に合うように定め、人の感情に適うことを本とする。山の家は、山に生ずるもので万事の用が足りるようにするのが礼である。湿地や海の人は、湿地や海から出るものを用いるのを礼とする。しかし、山の家の者が海の魚を賞美し、遠方から高価で買い求めて食べ、人にも贈るのは、先王の道（普遍的な道理）においては、逆に非礼である。

昔、山中の一村のこと。海へはわずか八、九里であるが、昔から村の法度で、海辺の人と交わり、海の魚を求め食べることを許さなかった。だから川の魚を食べ、海の魚が無くとも事足りた。風俗はことのほか質樸で倹素だったので、米や粟のたくわえもあって困窮しなかった。

しかし、後世になって、若者どもが海辺の人と交わり近づいて、はじめて海の魚を食べた。その美味を忘れることができず、後には買って帰り、家中の者に食べさせた。老人はこれを見て大変驚き、「よくも村の大禁を犯したな」と叱ったが、若者は従わなかった。

後には右の輩が多くなり、海辺の者は利を得ることを喜んで、いろいろな鮮魚を持ってきて売った。それゆえ海の魚がますます村に入り、人々は争って買い求めるようになり、ついには奢侈の風が盛んになり、衣服・器物・居宅まですべて海辺の風を学んで、その村は困窮してしまった。

先王の礼を失ったので、このようになった。すべて山の家は山の家の風俗を守り、海辺は海辺の風俗を守り、古礼を失わなければ、先王の礼に適うのである。

阪注　礼が公私を明確にできるひとつの事例として「礼はその土地に合うように定め、人の感情に適うことを本とする」ことを挙げる。つまり分限を守ることだろう。ここまでの三話はそれぞれ独立しているが、その根底に「公欲と私欲」で残された課題を、さらに掘り下げていると読みたい。
文中「老人はこれを見て大変驚き……」以下は、長幼の序の一例である。長幼の序が尊重されたのは、年嵩の人のほうが体験、知識が豊富だからである（二三二　誠(1)）。しかし年寄がただ旧来の教えを鵜呑みにしているだけの場合には、若者にその合理性を説明することができず、若い世代は従わない。また現代のように、社会変動が激しく、新知識が次々と必要になる時代には、年寄の知識が役に立たない場合も多くなっている。

九八　恐れ慎む

【間話続下　二十二丁ウ】

『大学』（第二段）に「瑟《しつ》たり僴《かん》たりとは、恂慄《しゅんりつ》するなり（厳密武毅のさまとは、深く恐れ慎むことを言うのである）」とある。瑟僴は、厳密武毅のさまである。恂慄は、深く恐れ慎むことである（注一）。恐れ慎みのある人は、臆病のようでいて、厳密武毅の強さを持っている。

渡辺半蔵守綱は、梁の王彦章（朱全忠に従って奮戦、王鉄槍の異名を持つ）と同じく、「槍半蔵」と称された武勇の士である。しかし、戦いに臨むと、鎧の垂れが鳴るほど震えだした。その後、敵にあたるやいなや、勇気奮然として突戦した。

越後の長尾家の蟹輪源七も、敵前では震えだして一度吐き、そうした後に勇気を発した。坂部三十郎広勝、久世《くぜ》三四郎広宣は、両三四郎と称された武名の高い人である。どこの城攻めであったか、徳川家康公は両士に命じて斥候《ものみ》に遣わした。坂部は勇んで馳せ出た。久世は弱った風情で退出した。お側の衆は皆、坂部の勇気を称美した。家康公は、

「坂部は天性剛勇の士である。久世はたしなみの勇である。されど城の近くまで行って十分に見る者は、久世であろう」と言った。

果たして久世は飛んでくる矢石もかまわずに進み、坂部よりも城に近い所で、熟察して帰った。人は皆、家康公の高い眼力を感歎した。これらにても、武勇が恂慄から出る意を知るべきである。

注一　朱注に「瑟とは、厳密の貌なり。僩とは、武毅の貌なり」「恂慄とは、戦懼《せんく》する（おののき恐れる）なり」とある。
赤塚忠は、「瑟たり僩たり」を「みやびやかなさま」とする。

九九　世俗の禁忌

【閒話続下　二十三丁オ】

世俗には、いろいろな禁忌のことがある。これを犯せば、非常に気にかかるということがある。これは度量がある人のふるまいではない。

近い時代、一賢士が勘定奉行の副官だったとき、駕籠に乗って市中を通った。町家の葬儀の行列に遇った。その棺の上を覆った白無垢が風に吹かれて、駕籠にさわったので、従僕はたいそう怒って罵った。その士は、駕籠の中からかたく制して何事もなく通った。

帰宅の後、従僕に酒を賜い、

「今日の町人の失礼は、反対にめでたいことで、私もほどなく白い衣（五位相当の白小袖）を着る身となるだろう。よって、祝いに酒を与える」と言った。

小さい度量の人であれば、ことに気にかかって怒るものだが、こうも平穏な度量は、非凡の士だからである。はたして、その年の暮れに勘定奉行に抜擢され、諸大夫《しょだいぶ》（五位相当。『寛永令』に「白小袖ハ諸大夫以上コレヲ聴ス」とある）に叙爵された。

昔、大坂の古林《ふるばやし》の元祖・見宜《けんぎ》（注一）は、名医のほまれが高かった。ある人が見宜に対して、

「灸をすえるには悪い日があり、また灸をすえてはいけない経穴があると聞きます。本当ですか」

と問うた。見宜は、

「もちろん、かならずあるものだ」と答えた。

「素人でも覚えておけるほどのことですか」と教えを乞うた。

「いかにも覚えやすい。悪日禁穴はただ一つずつである」と言うので、

「それならば、なにとぞ授けていただきたい」と言った。見宜は襟を正し、

「一年の間で灸をすえてならない日は、正月元日。からだの中で灸をすえてならない所は、目玉である」と言った。


古の名将には、一技に非常に巧みな人は、識見がこのように超越している。往亡日《おうもうにち》（戦いにおいては軍を進めることの凶日）に出兵して勝ち、殷の紂王が亡びた甲子の日に出兵して勝ち、西塞《ことふさが》りの日に出兵して大勝を得た類が多い。時日方角にこだわってはならない。ただその時の都合のよい日が吉日であり、都合のよい方角が吉方と定めるべきである。

兵家に、孤虚王相（行軍に、方位・日時等をトう）の術がある。斉の神武帝（北斉の高歓）は、その法を用いて周の韋孝寛（北周の軍人）が守る玉壁城を攻めた（注二）。しかし韋孝寛は名将でよく防いだので、その験《しるし》がなかった（『資治通鑑』巻一五九「梁紀」一五）。およそ家相・剣相・鏡相の類に、みな心を費やし気にかけるのは、無用のことである。

注一　古林見宜。江戸前期の医師。曲直瀬正純に学び、大坂で開業。京都嵯峨に学舎を建てる。
注二　玉壁の戦い。南北朝時代に玉壁（山西省）に起こった東魏軍と西魏軍の攻城戦。

一〇〇　人の和　【間話続下　二十四丁ウ】

『孟子』に「天の時（季節・天候・昼夜などの自然の条件が都合のよいこと）は、地の利（山河や城池などの地形が要害で有利なこと）には及ばないし、地の利は人の和（人心の和合一致）には及ばない（注一）」とある。唐の員半千の伝（『新唐書』「列伝」「員半千」）に、これを「天陣・地陣・人陣の三陣」という。「天の時」は、（朱）注に「時日文干・孤虚（注二）・王相《おうそう》（注三）の属を謂ふなり」とある。

あるいは朝駆け、または夜討ち、あるいは風雨昏霧に乗じて戦う類は、みな「天の時」である。兵法に「山や丘を右と後ろにし、水や沼沢を前と左にす」（『史記』「淮陰侯列伝」）、あるいは要害に拠り、あるいは「川の半分を渡らせてしまってから撃つ」（『孫子』「行軍篇」）の類は、みな「地の利」である。「天の時」「地の利」のことは、戦国の世に大将たちは十分に通暁していた。しかし、兵を用いることの本が「人の和」にあることに、深く心を用いなかった。だから孟子は説いたのだろう。まことに戦略の骨髄である。

立花宗茂は智勇の名将で、幼年から武勇をあらわし、朝鮮でも明の李如松の大軍を破った武功の将

である。かつて尾張侯のもとに行ったときに、侯は彼をとどめて、その武功を賞し、合戦の要務を問うた。立花は、

「方々の軍功とて、何の流の軍法を用いたわけでもありません。どの軍法でも、善しと言う所を採り、すぐれた謀を用いて、戦になれば敵の勢い次第です。世の一万の兵とわが三千五千の兵とは異なりません。これは、戦の備え方がよろしいというだけではありません。つねに兵士をえこひいきせず、ひどく勤労させることなく、慈悲をくわえて少々の過失はその通りにし、国法にはずれた者は、その法で賞罰を行うだけです。わが国は小国ですから、俸禄といっても、石高に応じて少しずつ与えます。けれども、つねに慈悲を専一にし、いつくしみ憐れみますので、戦いに臨めば、みな一命を捨てて力戦し、わが功になりました。このほかに為し得るわざはありません」と答えた。

尾張侯は、ことに感賞した。侍臣はこの話を聞き、「よいことを説いてくれた」とたいそう喜んだ。この後、尾張侯は臣下に慈愛を垂れたので、一藩は悦んで「立花宗茂は稀代の名将」と称えた。

また立花の言に、

「敵の多勢無勢によらず、はじめに一定の利を得る道理を知ることが大事である。戦いに臨んで、軍旗を取って、『死ねや』と大声で呼ばわったとて、命令に従うものではない。つねに上の者が下の者を、わが子のように愛して、慈悲を加えるので、下の者も親のように思って、たとえ厳令がなくと

も、一命を捨てて戦うものである」という。これすなわち『孟子』の「人の和」のところである。

酒井忠勝はあるとき真田信之に、

「貴家には軍法の伝来があると聞く。国家のために、軍法の要を伝えてくだされ」と求めた。真田は、

「ことに兵法の要はない。ただ礼義があることを軍法の要とします」と答えた。これも、上下に礼義があって、上は下を愛し、下は上を親しみ、礼義の道が正しければ、全軍は死力を尽くして勝ちを得るという道理を説いたのである。この言は、単純なようで深い味わいがある。

朱舜水「明石源助に答ふ」(『朱舜水文選』)の書翰に言う。

「昨年アモイに行って、国姓(鄭成功)のお召しに赴きました。その将吏ならびに朝廷出仕の高貴の官僚がみな軽薄放縦を楽しんでいるのを見ました。礼教をしりぞけて、それを古気とし骨董としていました。私は明の回復は決して成らないと悟りました。だから、万里のかなたに謹んで行きましたが、面会を求めずに帰りました。不幸にして、果たして救いようがありませんでした。して見ると、礼というものは、ただ国家の精神や栄衛(血液と生気)であるだけでなく、ほぼ国家の根本なのです。国家にあっては国家の幹であり、一身にあっては一身の幹です。私はないがしろにしたことがありません」

この書翰の中に「国姓」と言うのは、国姓爺と称した鄭成功のことである。鄭成功は台湾に拠って

明を恢復しようと図った忠義の豪傑である。しかし礼義の法が正しくなかったので、恢復が成らないとさとり、舜水は去った。かすかなきざしを知る賢人と言えよう。これも真田信之の言と同じく、兵法の要は礼義にあるという意味であって、孟子の「人の和」の論が兵法書の骨子と知るべきだ。

注一 『孟子』「公孫丑章句下篇」に「天の時は地の利に如かず、地の利は人の和に如かず」とある。
注二 兵法家が軍を作るに、方位・日時等を卜う法。
注三 陰陽道で祀る王神と相神。月ごとに所在の方角が変わる神で、その方向を忌む。

一〇一　朋　友　(2)

【間話続下　二十六丁ウ】

朋友は、父子の親《しん》がありもせず、君臣の義がありもせず、夫婦兄弟の恩がありもしない。しかし、聖人は朋友を五倫(注一)の一つに置く。交遊の情は、親しく互いに談論して道義を講究するという益がある。父子の親も、君臣の義も、夫婦兄弟の区別順序も、朋友の力によってその道理に的中するものである。だから朋友が関係するところは重いものなので、五倫の一つにあるのだ。

『詩経』「小雅」「伐木」に「彼の鳥を相《み》るに　猶ほ友を求むる声あり　矧《いわ》んや伊《こ》れ人　友生を求めざらんや（かの鳥をみるだにも　なお友を求めて鳴くに　ましてや人の　友を求めであるべきや）」という。よく朋友の情を述べている。人も友がいなければ、花月を見ても山水を見ても、楽しみは浅い。鳥やけだものなども、鳥には友を求める声があり、鹿は野のよもぎを食《は》むにもゆうゆうと友を鳴きよぶ（注二）。友を求めるのは造化の機密であり、自然にそなわった心である。

ましてや人は道義を切磋するという益があるので、なおさら親しむべきである。久しい中には、互いに耳にさからう言もあり、失礼のこともある。これは恕して、些細な礼儀をせめず、大義を全うすべきである。

「伐木」の詩に「民の徳を失ふは　乾餱《かんこう》以て愆《あやま》つ（人が朋友の信を失うは　乾飯《ほしいい》（わずかなもの）を惜しむ所から）」と言う。朋友が疎遠になるのも、いささかの飲食の些細な礼儀から始まって、心が楽しまないこともある。しかしこれは小さなことなので、たがいに宥恕するべきである。「寧《なん》ぞ適《たま》ま来らざる　我に咎《とが》有ること微《な》かれ（いかでこのとき来まさざる　我をとがむることなかれ）」というのも、よく朋友宥恕の道を述べている。

このように、朋友の間は相い親しんでいるので、変事があると、その力を得ることが多い。昔、孝謙天皇が弓削道鏡を寵せられ、皇位を譲ろうとしたとき、和気清麻呂に命じて、宇佐八幡の神託を受けさせた。道鏡は清麻呂に対して、

「この使者を十分に勤めて、私に皇位を譲ったならば、貴殿を大臣の官に登用しよう。もし使者の

任務が宜しくなければ、きびしい譴責《けんせき》を行う」と、声色はげしくおびやかした。

清麻呂は途中で路真人《みちのまひと》豊永にあった。豊永は、

「道鏡が皇位に登ったならば、私はどんな面目があって彼に仕えようか。伯夷にならって首陽の山に隠れよう」と激励した。

清麻呂はその言にしたがって、正直に神勅を奏し、道鏡は皇位に登ることができなかった。これによって退けられ罰せられたが、その正気直詞（思うことをはばからずに、はっきりと言うことば）は凜々（威厳があり、人に畏敬の気持ちをいだかせるさま）として史籍を照らしている。

唐の則天武后は張易之を寵した。張易之は魏元忠（宰相）を陥れようとしたとき、張説《ちょうえつ》（張易之のために広東省に流されたが、後に朝廷に呼び戻され、玄宗に信任された）を引きこんで偽証させようとした。宋璟《そうえい》（寵臣張氏兄弟を誅すべしと奏請、後に宰相となる）は張説に対して、

「名声道義はこの上なく重く、鬼神はあざむきがたい。邪におもねって正を陥れることはできぬ」と激励した。張説はこれに従って、魏元忠の無罪をはっきりさせた。

宋の徽宗（政治は重臣に任せ豪奢な生活を送る）の朝、田昼と鄒浩とは気節を励まし合った。劉皇后（明節皇后。徽宗の寵愛を受け奢侈濫費を重ねた）が即位したとき、田昼は鄒浩に言った。

「きみが諫言しないというならば、絶交だ」

鄒浩は直諫して罪を得、遠くに謫せられた。田昼は彼をその途上で出迎えた。鄒浩は涙を流した。田昼はあらたまった顔で、鄒浩を責めた。

「もしきみが、知らぬふりをして黙って都で官僚の地位にいても、寒疾にかかって五日も汗をかかなければ死ぬのだ。どうして、ひとり広東広西地方の外で、人を死刑にしようか。どうか、君はこの挙に満足しないでほしい。士がなすべきことは、まだこれにとどまらないのだ」

鄒浩は茫然自失して礼を言った。

「親切なことばを贈ってくれたね」とある（『宋史』巻三四五「田昼」）。

これらはみな、朋友の力によって節義を全うし、美名を千年もとどめた。このように有益なのである。だから、聖人が五倫の中に置いたのは、意味の深いことなのである。

注一　『孟子』「滕文公章句上篇」に「父子親有り、君臣義有り、夫婦別有り、長幼序有り、朋友信有り」とある。

注二　『詩経』「小雅」「鹿鳴」に「呦呦《ゆうゆう》と鹿鳴き　野の苹《へい》を食《は》む（鹿はゆうゆうと友鳴きよんで　よもぎ食む）」とある。『毛伝』に「鹿がよもぎを見つけて、ゆうゆうと鳴いて呼び合い、その中にまごころがあらわれていた。それにならって饗宴を催し、まごころをこめて招いて礼を立派に行った」とある。『後漢書』巻二十八下に「鹿哀鳴して其の友を求む」とある。

阪注　「朋友信あり」についての艮斎の見解である。「友がいなければ、花月を見ても山水を見ても、楽しみは浅い」ので、「友を求めるのは、自然にそなわった心である」。

楽しみを共有する友には、おのずから信頼の情が共感される。「……私は不覚にも酒に酔いつぶれ、手を打って山水を談じ、公もくつろぎ、うちとけて語り……」（『遊豆紀勝・東省続録』三四頁）。すると「互いに談論して、道義を講究するという益」も生じる。道義を考究すると同時に、自然も愛した、艮斎らしい懐の深い論理と読みたい。「七〇　談論」にも同種の文章がある。

一〇二　心を治める

【間話続下　二十八丁ウ】

宋学が心の工夫（修養）を説くのを、「それは仏教の説である。心と説かず、身と説くべきである」と非難する人がいる。これは、『論語』の中に心を説く所がなく、『孟子』ではじめて心を説いたから（注一）、こう言うのである。しかし、実地に臨んだときの工夫は、心を鍛錬しなくては適わないのである。『論語』に専心（精神集中）の工夫を説かないが、耳目の視聴、手足の運動など、すべて心から出ないものはない。

板倉重宗が京都所司代であったとき、決断所に一つの茶磨《さま》（茶うす）を置き、障子をへだててその中に坐し、みずからの手で茶をひきながら訴訟を聞いた。人がこのわけを問うので、重宗は言った。

「訴訟を聴くときに、明瞭に判断できないのは、わが心が事に触れて動くからだと思うべきである。大賢君子の人はおのずと心が動かないのである。私はそこまでには至りがたく、ただわが心の動と静とを試すには、茶をひいて知る。心が定まって静かなときは、手もそれに応じて、茶うすが平らにまわる。茶葉が挽かれて落ちるときになって、わが心も動いていないと知って、その後にしだいに訴訟を聴く。

また障子をへだてて訴訟を聴く理由はこうである。およそ人の顔色を見ると、いかにも憎らしげな顔や気の毒そうな顔があり、その種類は多い。見た目が誠実な人が言うことは、本当のことに聞こえる。心がねじまがっているように見える人が言うことは、偽りと見える。いかにも気の毒な人の訴えは、まがった所がないと思われ、憎らしげな人の争いは、悪事と感じられる。

これらの類は、わが目に見るものに心が移されて、彼がことばを出さないうちに、はや自分が心の中に正邪を定めている。だから、訴訟を聴くにいたって、自分が思う方向にそのことを聴いて、心にそれと思うことが多い。

訴訟の中に及んでは、気の毒そうな人の訴えに、憎むべきこともある。憎らしげな人の訴えに、気の毒なこともある。誠実に見えて偽り、心がねじまがっているように見えて正しいことも多い。人の心は知りがたく、かたちによっては定めにくい。

占い師が色聴《しょくてい》（顔色によって真偽を判断すること）をする。それは心が邪魔されない人がすることである。私のような者は、見るものにつられて心が邪魔されてしまうことが多い。だからこう障子をへだてる」と答えたのである。

わが心を正しくして、その後に訴訟を聴くのは、心の工夫のことで、宋学が説くものだね。このように正心誠意の工夫をする賢明な君子だから、京都の訴訟は公平で、人もみな心服し、昔の循吏（規則に忠実で仕事熱心な役人）も重宗ほどではないと称賛された。

かつまた、心の動静の妙用を説いたのは、おのずと西魏・北周の蘇綽（度支尚書・司農卿。国家の基礎を固めた。古文復興の先駆）の言と符合する。珍しいことだ。蘇綽は言った。

「およそ人（民）を理《おさ》（治）めるの要は、まず自分の心を理めることである。心は一身の主、百行の本である（二二・阪注）。もし心が清静（清く静かで動かないこと）でなければ、道理に照らしてもはっきりしない。道理に照らしてはっきりしなければ、善悪の分別があやまり乱れる。もし善悪の分別があやまり乱れれば、一身をみずから理めることができなくなる。どうして、人を理めることができようか。それゆえに、人を理めるの要は、心を清めることにあるのだ。

安積艮斎「澹静」扁額　生家安藤家伝来

そもそも、いわゆる心を清めることとは、貨幣財物を貪らない意であるだけでなく、さらに心気が清和、志意が端静であるように保つことである。もし心が和し、志が静かならば、よこしまでひねくれた心は起こらない。もしよこしまでひねくれた心が起こらなければ、下人（下民）はみな教化に従うのである。それゆえに、人を理めるの本は、まず心を理めることにあると言うのである」（『北史』巻六十三・列伝第五十一）

「理」は「治」である。「人」は「民」である。李延寿（『北史』編纂者）は、唐の天子（太宗。諱、世民）の諱を避けて、「民」の字を「人」に改めたのであろう。蘇綽の言は『北史』に見える。（『周書』巻二十三では「治」「民」、『北史』では「理」「人」を用いる）

このときは、南北朝に分かれて、天下大乱の世である。しかし蘇綽の言は、濂洛《れんらく》（周敦頤・程顥・程頤）の諸大儒に先だって心の動静を論じたのだから、精微（くわしくこまか）と言えよう。板倉重宗の言と符合する。韓愈が「百代という長い年月をへだてても、感動を呼ぶ(注二)」と言うのは、このことである。

唐の六典府兵の制、租庸調の法(注三)は、蘇綽が文帝（隋の初代皇帝）に建白したことから起こったと見える。『北史』の蘇綽の伝は考察するべきである。

だから、心を治める工夫は緊要のことであって、みだりに排撃してはならない。すべて学問は、実際実事のところがどうなのかと熟考すべきである。文章の一字一句の解釈にだけかかわるべきではない。

注一 『孟子』「告子章句上篇」に「専心致志（精神を集中する）」とある。

注二 『文章軌範』「田横《でんおう》の墓を祭る文」に「百世を曠《むな》しうして相感ず」とある。

注三 唐六典。法制書。七二六年完成。周礼の体裁にならい、律令格式・勅など、唐代の官職の規範として撰定したもの。

阪注 五倫の道がなぜ行われないのか。私欲があるからだ。「農民が耕作をせず、博奕にふけって一時に金銭を多く得ようするのは私欲である。商人も分外に高値に売り、人をあざむいて大利を得るのは私欲である。」（九五　公欲）。他者との人間関係を考えていないのである。

ではなぜ欲が生じるのか。心が物に動かされるからである。「人生れて静かなるは天の性なり、物に感じて動くは性の欲なり。（人の心は生まれつき静かで落ち着いたものであり、それが天性なのである。しかしまた心は外物に感じて動き、さまざまに作用するものであり、それは人欲なのである）」（「五六　静と動」とその注）。板倉重宗や蘇綽も、心が物事に動かされることを戒めている。

一〇三　心に響く

【閒話続下　三十一丁オ】

古の英雄はその心が忠実で、ものごとをおそろかにしなかった。言行を見聞きして、心に響いて通じ、道理と一致した。上杉謙信はかつて琵琶法師の弾唱を聴いて、「源義家は、禁裏で怪鳥が鳴いたのを、弓の弦《つる》音だけで制伏した。源頼政は鵺《ぬえ》をみずから射落とし、家来が刀で刺し殺して、ようやく制伏した。義家からわずか五十年ばかり後であるのに、弓矢の威はこれほど衰えた。この輝虎は四百年も後世なので、さぞや弓矢は劣るであろう」と落涙した。このように、謙信の心が平生武道を錬磨する心だったので、琵琶法師の弾唱にもすぐに心に響いて通じた。

佐野（下野国）の城主の天徳寺（佐野房綱）という大将は、戦のさなかに琵琶法師の平家物語を語らせた。宇治川の一段（佐々木高綱と梶原景季の「宇治川の先陣争い」）を聴き、側近の兵士らは、ももをうち、手のひらを撫でて、「面白い」と歓呼した。しかし天徳寺は落涙が数行に及んだ。その次に那須与一の扇の的を語ると、兵士はますますおどり上がって喜び歓呼した。しかし天徳寺はますます涙を流して嗚咽し、頭を仰ぐこともできなかった。

曲が終わった後、兵士がそのわけを尋ねると、天徳寺は大きく息をついて言った。

「諸士がこの曲を聴いて歓喜したのには失望した。よく考えてみよ。佐々木高綱は、源頼朝から池《いけ》月《づき》という名馬を賜って、『宇治川の先陣に梶原の後になっては、なんの面目があって頼朝にまみえようか、かならず敵陣に入って戦死しよう』と思った。武士の心は古今の相異がない。今この所を思えば、面白い所ではない。哀れに思って、思わず落涙に及んだのだ。

また那須与一の扇の的は、源氏の大軍の中から選び出され、馬で海に乗り入れて、数万の源平の軍勢が鳴りを静め海陸ともに見物した晴れの場である。しかし波が動いて馬の足が定まらず、扇は船の上にあって動き揺れる。まことに、巧みな射手であっても射にくいのである。万が一、扇を射損じたならば、なんの面目があって天下の人にまみえようか。かならずや馬上で切腹したことだろう。このときの心を思えば、憐れとも哀れとも言いようがない。だから思わず嗚咽した。しかしながら、汝らはこれを聴いてただ面白いとだけ思って、武士の心を察しない。これはなにごとか」と言った。(『常山紀談』巻之一「輝虎平家を語らせて聞かれし事　附佐野天徳寺の事」)

これも、平生武道を磨いた忠実の心から、おのずと心に響いて通じて、こう涙を流すに及んだのである。千古のこともわが身に体認（十分に会得する）して、その心を察しその処置を思う。これが真実の学問である。

『論語』（「里仁篇」）に「賢を見ては斉《ひと》しからんことを思ひ、不賢を見ては内に自ら省みる（すぐれた人を見れば同じようになろうと思い、つまらない人を見たときにはわれとわが心に反省する）」と言う。わが善を求める志が深ければ、人の賢不賢を見、心に響いて通じ、進修（徳を進め学を修める）の益となる。

歴史を読むにも、名将の苦戦の所や忠臣烈士の殉節の所を見ても、天徳寺幕下の兵士のように、ただ面白いとだけ思っていたのでは、その実際を体認し心に響いて通じ落涙するにいたらない。だから史書を読む益がなく、記憶することもなく、ぼんやりと読みすごしてしまう。なんの益があろうか。

諸葛孔明の「出師の表」を読んで泣かない者は忠臣でなく、李密（蜀、西晋に仕う）の「陳情の表」を読んで泣かない者は孝子でないという。今の学ぶ人はさて表を読んで、果たして泣くやいなや。

【間話続下　三十二丁ウ】

一〇四　志　気　(2)

古の名将は志気が広大で、人の意表を突くことがあった。立花道雪《どうせつ》（戸次鑑連《べっきあきつら》）の家臣が言った。

「今日、博多で歌舞伎の興行がありますが、秋月殿（種実）が僧のいでたちで、お忍びで見物に出られました。それがしにお命じいただければ、うち取ります」

道雪は聞いて、

「きさまは憎き奴だ。秋月ほどの者を、きさまを頼んで、だまし打ちにしてたられるか。秋月などは息災にいさせて、ふたたび一戦の場で勝敗を決することこそ本意なのだ。それを汚い心根の奴よ」と叱りつけた。

そして秋月の城下に人をつかわして、

「秋月殿が粗末な姿で見物の座へ出られたのを、立花の家来に狙っている者がいる。よくよく用心あれ」と触れさせた。（『武功雑記』巻十四）

稲葉一鉄（良通）が普請をしていたとき、人夫の中に、はかどらぬ者がいて、殺そうとした。その者は、

「気持ちを述べたい」と望んだ。

その言を聞けば、その者は一鉄に親を討たれたので、その恨みに報復しようとして、人夫にまぎれて狙っていたのだった。一鉄はこれを聞いて死を赦し、

「いつでも、私を狙い討て」と言った。

その後、一鉄は病死した。その者は一鉄の墳墓を三刀に斬って、そのかたわらに自害した。（『武功雑記』巻十三）

これは、趙無恤（春秋時代、晋の政治家）が豫譲（注一）を赦したのと同じく、英雄の事である。

注一　晋の豫譲は、主君の仇を討つことを決意した。受刑の労役者をよそおって趙無恤（仇）の宮殿に入りこみ、発覚してしまうが、義士として許された。今度は体に漆を塗って癩患者を装い、炭を飲んで声を変え、橋の下で待ち構えるが、見破られた。豫譲は、もはやこれまでと、拝受した趙無恤の上衣に斬りつけた直後、自殺した。（『史記』「刺客列伝」）

阪注　前話とこの話は、深い人間観察と同感があって、はじめて道理を知ることを述べている。

一〇五　大将の一心にあり　【間話続下　三十三丁ウ】

徳川秀忠公が大軍をひきいて信州上田の城を攻めたとき、先鋒石川康長・日根野吉明《よしあきら》は、冠者岳《かじゃがたけ》に陣した。秀忠は島田利正に伝令を命じて、先鋒に急ぎ知らせたことがあった。

島田ははじめてこの地を通るので、地理に暗い。かつまた敵の上田城を迂回して行くのは、道が遠まわりで行き帰りに時間がかかる。ゆえに一騎で城の大手門にいたり、馬を下り城門をたたいて、「それがしは、江戸中納言配下の士である。君命を奉じ、急いで先陣に知らせることがある。地理も詳しくなく、城を迂回すれば、道はよほどの遠まわりと聞いた。願わくは城内を通してくだされば、はなはだ幸いである」と言った。

門を守る者は大変驚き、城将真田昌幸に言上した。昌幸は言った。

「昔から、敵人が使命を奉ずるのに、城内を通った例《ためし》はない。けれども、この者は城内を通りたいと望む。その胆気の勇壮は感ずるに余りある。もし道を貸さなければ、こちらの臆病を示すことになる。すみやかに門を開いて通してやれ」

門番がその由を告げると、島田はたいそう悦び、城内を通って搦め手にいたって、

「どうせ通してくださったからには、帰りにも、またお通しくだされ」と言って馳せ去った。帰りにも搦め手の門をたたいて、これを乞うた。門番は驚いて城将に報告した。昌幸はますます感歎して、

「余は、その士に対面しよう」と言った。

島田を引見し、かつ言った。

「敵人に城内を通らせたのだから、城内の要害をことごとく見てよく覚えおき、城攻めのときに一番乗りなされよ。さて要害は城郭の固めではない。ただ城の大将の一心にある」

昌幸は島田に先導して、城中をことごとく見せた。島田は感謝して城中を一覧し、大手の門から出て復命した。陣中の人は言った。

「道を借りる人も人だが、貸す大将も大将である。昔からまだない、稀代の奇事、英雄のふるまいである」とみな感称した。

まことに、昔の名将は度量が大きい。ことに昌幸の「要害は城郭にあらず、大将の一心にあり」とは、呉起の「徳に在りて、険に在らず（国の守りは徳であり、険阻ではない）」（『史記』「孫子呉起列伝」）の一語と似ている。とりわけ感じ入る。

一〇六　わが胸臆より発出すべし　【間話続下　三十五丁オ】

人は、心をなぐさめることが無いわけにはいかない。詩歌書画の類や風雅のものは、大いに心を楽しませるたすけとなる。軽重本末を失わなければ、益はあるのだ。

稲葉一鉄が信長に降ったとき、信長は始終「一鉄は余に仕える者ではない」と疑心を持っていた。一鉄を饗応してその席で殺そうとし、三人の勇士に命じて一鉄を招いて待屋に入らせ、三人に接待させた。

三人は武勇はあるが無学である。壁の上に人物の画幅が掛けられていた。その画に賛語があった。三人はその文を一鉄に問うた。一鉄は朗吟して、

「雲は秦嶺《しんれい》に横たはりて家何《いず》くにか在る　雪は藍関《らんかん》を擁して馬前《すす》まず（注一）」と韓愈の詩を読んだ。

三士はまたその文意を問うた。一鉄は詳しくその内容を説いた。

信長は壁をへだてて聴いていたが、にわかに出て、

「汝は武勇だけと思っていたが、ただいまの話を聞けば、文学にもすぐれておる。この戦国の世に殊勝なことである。これに感じて、汝の死を赦す。この後、よく余に仕えて、二心を持ってはならぬぞ」と言い、三士に懐の剣を出させて示した。一鉄は感涙を流して、

「それがしも、こういうこともあろうかと思い、たとえ死んでも、一人は刺殺するつもりでした」と言って、短刀を懐からとり出したので、信長はますます感称した。危ういことよ、一鉄がもし無学無術で、この詩を解しなければ、たちまち非命の死を招いたのだ。

太田道灌は、上杉宣政の重臣である。宣政は上総の庁南城に軍を出したとき、山崖の海辺を通った。

「山から弩《おおゆみ》を射かけられるか、また潮が満ちるか、はかりがたい」と危ぶんだ。道灌は、

「私が見てまいります」と言って、馬で馳せ出て、やがて帰って、

「潮は引きます」と言った。宣政は、

「どのようにして知ったのか」と問うた。道灌は、

「遠くなり近くなるみの浜千鳥鳴く音に潮のみちひをぞしる……この歌により、千鳥が遠くに聞こえたので、気づきました」と言った。

またいつのことか、軍をかえすとき、これは夜のことである。利根川を渡ろうとしたが、まっ暗やみで、浅瀬がわからない。道灌はまた、

「そこひなき淵やはさわぐ山川の浅き瀬にこそあだ波はたて」（『古今和歌集』）

この歌を思い出し、

「波音が荒いところを渡れ」と言って、無事に渡った。これはみな、和歌の心によって兵を用いて、益を得た。（『常山紀談』巻之一「太田持資歌道に志す事」）

板倉重宗が京都所司代だったとき、医師が訴えた。

「夜中に人が来て、『急病なので、はやく来て、診てください』と言って、私を駕籠に乗せ去り、どことも知らぬ山中へ連れゆき、『わがかしらが病気なので、治療してください』と言って、洞窟の中へ連れ去られました。

盗賊のかしらと見えて、華美な寝具をかけて、刀傷を患っていました。それがしも、やむを得ず診察して、薬を与えました。早く帰りたいと頼みましたが、帰してくれません。五、六日の逗留に及び、刀傷がやや癒えたので、謝儀を与えられ、また駕籠に乗って、夜中に京に送り帰されました。暗夜のことなので、通った道がわかりません。深山のことなので、どこの地ともわかりません。盗賊の巣窟でしょう」と言った。

板倉重宗は、

「その山中になにか異なることはなかったか」と問うた。医師は、

「なにも異なるものはありません。ただ怪しい鳥が『仏法僧』と鳴くのを聞きました」と答えた。

重宗は手を拍って、

「鷲尾《わしのお》の山の奥にも人ぞすむ仏法僧の鳴くにつけても……この古歌によれば、鷲尾の山であろう」

と言って、すみやかに捕り手をつかわした。果たして山中に盗賊が住んでいて、それを捕らえた。

『荘子』(「逍遥遊篇」)に、あかぎれ止めの薬の作り方を百金で買って、冬のさなかの水上戦に用い、大いに功を立てて諸侯の位を得たとある。わずかの薬でも、用い方がすぐれていたので、戦闘に功を立てた。

これと同じく、一時の吟詠に出た詩歌で、あるいは死を脱し、あるいは戦の用になり、あるいは捕盗のたすけともなる。詩歌は余芸とはいえ、用い方で益にもなる。天地を動かし、鬼神を感ぜしむるとも言う。妙用はあるのだ。

私は若い頃から詩文に力を用いてきたが、歌道のことはまったく通暁しない。なにごとも、その道に入らなければ、その意味の深いところは知りがたい。しかし名歌となると、解することができなくとも、感ずるものは深い。太田道灌の歌に、

「かかる時さこそ命の惜しからめかねてなき身と思ひ知らずば」とある。『孟子』（「滕文公章句下篇」）の「勇士は其の元《こうべ》を喪ふを忘れず（勇士は義のためなら、いつ首をとられても、いささかも恐れぬものである）」という意味を、道灌が十分に述べた思うと、感賞に堪えない。

詩歌には、和漢の相異があるというが、性情の感を述べるという点では同じである。自分の性情を主とすればよく、世の好むところを逐ってはならない。人の心に適おうと思って作ると、逆に性情の天真（生来の、飾りけがない品性）を失って、自然でなくなる。

昔、唐の晈然という詩僧が、韋応物の詩風を模倣して彼を悦ばそうと思い、数首を作って示した。韋応物はほめなかった。そこで、平生作った詩を示した。韋応物はたいそう賞嘆して、「およそ詩は、おのおのその風がある。しいて人から学んで、その心を悦ばそうとすれば、本色（本来の性質）を失って、精巧でなくなる」といましめた。和歌も右に準ずるものであろう。

著作文章も、自分の胸臆から発出すべきである。世の人に誉められようと思い、また悦ばれようとすれば、自分の心情を尽くさず、却って故歩（もとからの歩き方）を失ってしまう（注二）。人の毀誉や好悪にしばられず、わが心の中の誠を尽くすのみである。

安永の頃、藤村検校という瞽師《こし》（盲目の楽師）がいた。つねに人に語った。

「人の前で三絃（三本の弦を張った楽器）を弾くに、その座の聴く人は色々な心を持っているので、面白く弾いて誉められようとしても、かなたの人の心に適えば、こなたの人の心に適わない。私はいつでも、どんな人が聴く前でも、自分の持ち前の器量をいっぱいに弾くが、その座の人に聴かせようとは思わない。ただ神明へ奉納すると心得て弾くのである」こう語ったのは真実の心で、名手の誉れが世に高かったのも、もっともなことだね。

これと同じように、詩文著述の類も、わが心の真誠を尽くすまでで、世の毀誉にしばられてはならない。薪取りの言も、聖人は意見を求めるという（注三）。その人の採りようによって、一寸の草が丈六《じょうろく》（一丈六尺）の金身《こんしん》（仏像）と化することもある（注四）のだ。人として成熟していなければ、聖人のことばも馬耳の東風となってしまう。私はただ心中に思うことを述べて、泰平の恩沢の万に一つでも報い、芹曝《きんばく》（注五）の誠意を尽くすばかりである。

注一　「雲は秦嶺（終南山）にたなびき、わが家はどのあたりにあるのやら。雪は藍田関を埋めつくし、馬もたじろいで進もうとせぬ」韓愈は五十二歳のとき、「仏骨を論ずる表」を上《たてまつ》って、天子の意に逆らったため、潮州（広東省）に左遷された。藍田関まで来たとき次兄の孫に与えた七言律詩の、第五・六句。

注二　『荘子』「秋水篇」に「君は、あの寿陵の町の若者が趙の都の邯鄲まで出かけていって、そこの歩き方を学んだという話を聞いたことはないかね。彼はその国のやりかたを会得できないうちに、そのもとの歩き方も忘れてしまったので、四つばいで帰るほかはなかった」とある。

注三　『詩経』「大雅」「生民之什」「板」に「先民言ふ有り　芻蕘に詢ると（昔の人も言っている　薪取りにも問いはか

ると〕」とある。朱注に「先民は、古の賢人なり。芻蕘は、薪を采る者なり。古人詢を尚びて芻蕘に及ぶ。況んや其の僚友をや」とある。

注四 禅語に「一茎草を拈じて丈六の金身と作し、丈六の金身を拈じて一茎草と作す」という。

注五 芹と日なたぼっこ。『列子』「楊朱篇」に「日なたぼっこが好きな田舎者がいて、彼はこれを天子に献上しようとした。これを聞いた村の旦那が、こう言って聞かせた。『昔、芹のうまさを自慢した者がいた。村のお偉方が芹を食べたら、口がひりひりして不評で、その者は赤恥をかいた。おまえもその仲間なんだよ』」とある。自分の意見を記して長上に呈する時の謙辞。

邯鄲学歩の碑　河北省邯鄲市「学歩橋」

阪注 この続下巻全体はほぼ武士の在り方のようにも読める。武士は軍人であり、為政者であり、ひとりの人間だから、さまざまな倫理、道徳、技術を一身に背負うことになる。

※

（詩歌は）吾性情を主とすれば、世好を逐ふべからず。人の心に叶はんと思ふて作れば、却りて性情の天真を失ふて自然にあらず。

凡そ詩は各々其の風あり。強ひて人を学んで其の心を悦ばしめんとすれば、本色を失ふて精巧ならず。

著作文章も吾胸臆より発出すべし。世の人に誉められんと思ひ、又悦ばれんとすれば、吾心情を尽くさず。却りて故歩を失ふに至る。人の毀誉好悪に拘《かか》はらず、我中心の誠を尽くすにしかず。

我（藤村検校）持前の器量一ぱいに弾いて、其座の人に聴かせんと思はず。唯だ神明へ奉納するなり。

詩文著述の類も、我心の真誠を尽くすまでにて、世の毀誉に拘はるべからず。

安積祐助著

嘉永四年辛亥孟夏発行

江戸筋違御門内通新石町

製本所　須原屋源助

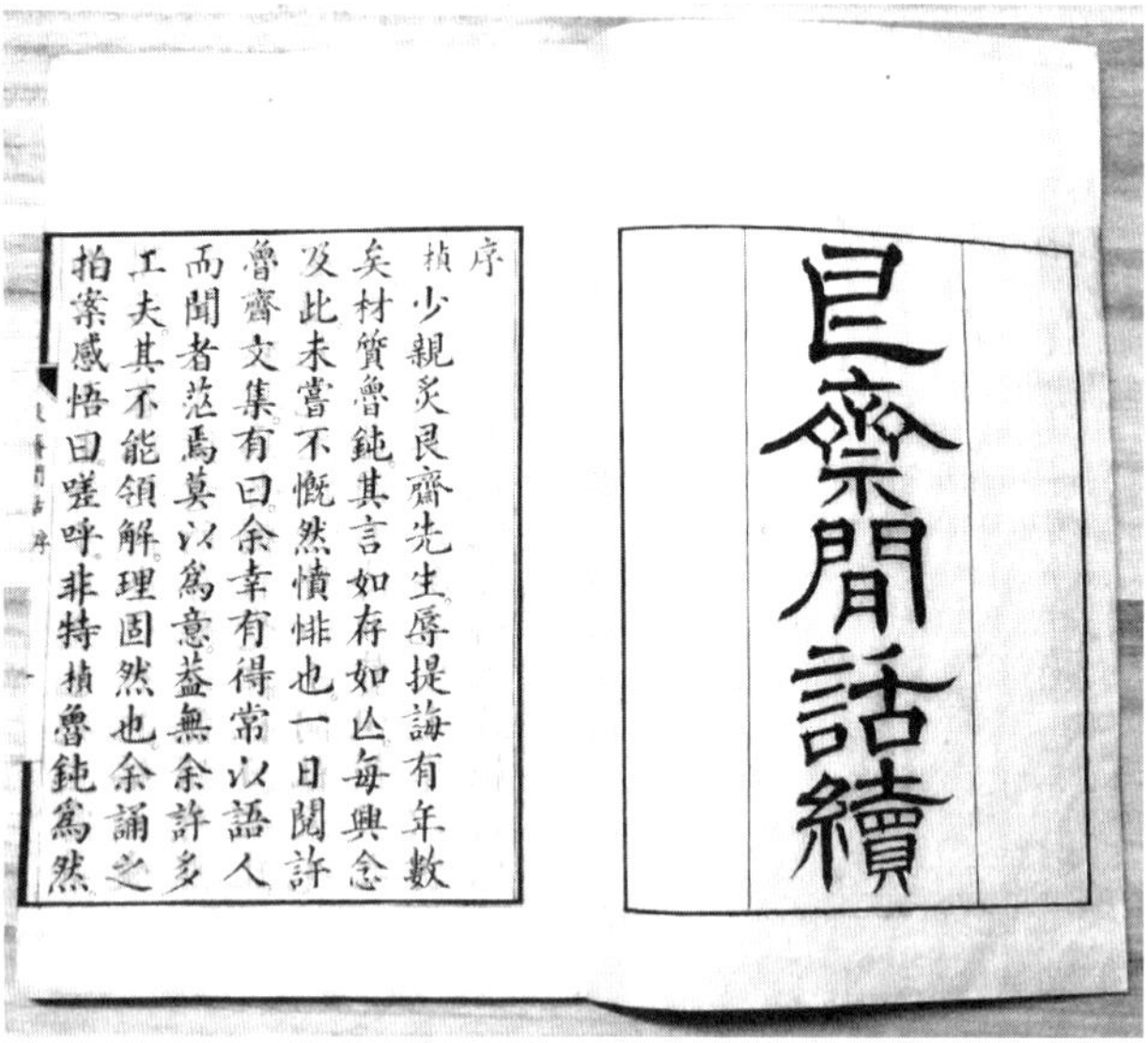

艮齋閒話續

序

禎少親炙艮齋先生辱提誨有年數
矣材質魯鈍其言如存如亾每興念
及此未嘗不慨然憤悱也一日閲許
魯齋文集有曰余幸有得常以語人
而聞者茫焉莫以爲意葢無余許多
工夫其不能領解理固然也余誦之
拍案感悟曰嗟呼非特禎魯鈍爲然

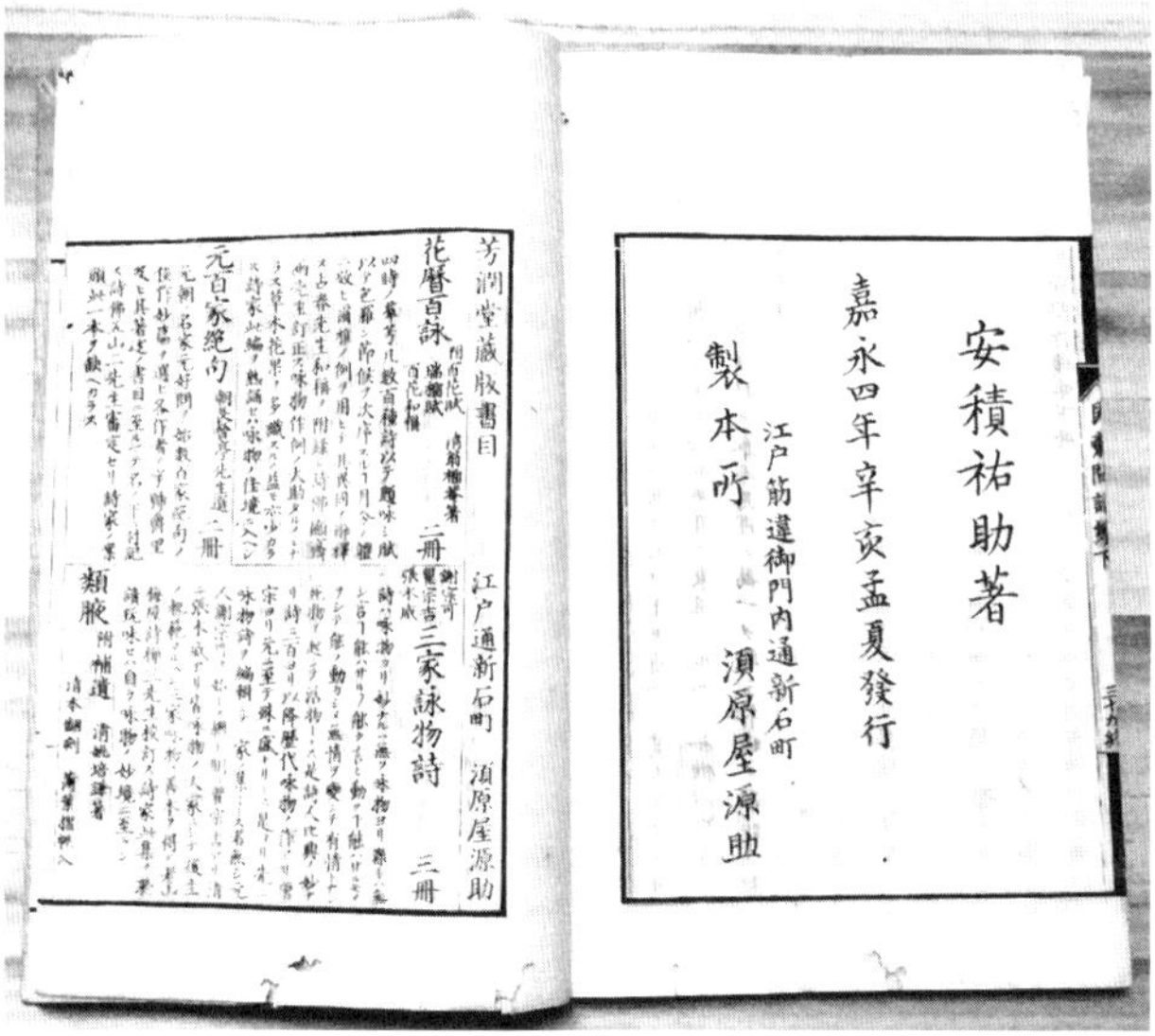

安積祐助著

嘉永四年辛亥孟夏發行

製本所　江戸筋違御門内通新石町　須原屋源助

芳潤堂藏版書目　江戸通新石町　須原屋源助

花曆百詠　二冊

三家詠物詩　三冊

元百家絶句　一冊

類腋　附補遺

あとがき

この著作は「弁言」にもあるように、一話だけでも、全体としても、誰がどのように読んでも、それぞれの立場で理解できるように書いてある。

伝統的な書き方に倣って、各話でひとつの主題を論じてあり、ひとつの話でひとつの主題のこともあるが、話の多くは、種々の論点を含んでいる。

それもあって、ひとつの話がその前後のいくつかの話と同じ傾向の主題でまとまっているのは、明らかである。

さらにそのいくつかの話のまとまりは、次のまとまりへと展開して、全体としても大きな流れとなっているようでもある。このように本書は三層構造になっているように読める。

安積艮斎の思想は、一貫性はもちろん体系的であることを本質とする。それは『洋外紀略』のような実学的な著作にも通底している。

以下、その観点から、全体のまとめを試みておく。

『巻之上』天地の間にある人間が行うべきは道理である。そのためには私欲、驕慢などを押さえ、身を謹んで、学問に励むことだ。道理に合わないことも多々ある。しかし天命に任せるのではなく、人事を尽くさねばならない。

『巻之下』その道義を行うには、学問がいる。学問するにあたっては、智だけを求めるのではなく、実学が大切だ。だから古い説をそのまま援用するのではなく、時代に応じて、学問も常に変化しなければならない。

『続　上』その学問をするのは人間である。この巻は、人間と人間関係一般についてのようだ。国が違えば人も異なる。これと同じで人もさまざまな性格、能力をもつから、その分に応じて努力し、為政者もその積りで政治をすべきである。

学問上の論争、教育、夫婦、恨みのある人、政事の議論など、どのような人間関係も大切にし、そこから学ばねばならない。

『続　下』最終巻は、武士の在り方についてのようである。わが国は尚武の国だ。国土を守るには武器を整えるだけでなく、武士としての心掛けが必要である。気を養い、無駄なことをせず、道義に従い、和を大切にせねばならない。

続下巻は、各話の主題の取り方が先行の三巻とは少し異なると感じられ、問題意識を『洋外紀略』と共有していると推測する。

それぞれの話は、明確に関係したり、一休みし、逆流するかに見えながら、大きな流れとなって滔々と流れてゆく。「古人は学海と言い、川の水が海を学んで流れて止まずついに海に至るように、学徒は絶えず勉むべしとしている」(『艮斎文略』七八頁)。

艮斎先生に限らず、この時代の思想の多くは、現代の学問領域では、倫理学、政治哲学である。ところで艮斎先生没後百六十余年、現在までに、わが国に起こった思想上の最大の出来事は、西洋思想の流入であった。西洋風の論理が思想研究の主流である現在の状況で、先生の思想は現代にとってどういう意味を持つのか。この問題意識こそが、我々が本書を読む際の最重要の課題ではないだろうか。私の注は、本書に対して、その疑問を問うたものである。無論、私の文章は、先生の言われる令和の時の読みのひとつにすぎない。後世、まったく別の読み方が現れるだろうことは、言うまでもないのである。

小阪康治

〈倫理学的注釈者〉

小阪康治（こさか・やすはる）

昭和二十二年（一九四七）、山口県生まれ。早稲田大学大学院文学研究科哲学専攻博士課程単位取得満期退学。早稲田大学博士（文学）。元郡山女子大学教授。

専攻：倫理学、哲学

【著作等】

『倫理問題に回答する』『応用倫理学の考え方』（ナカニシヤ出版）

『環境自治体ハンドブック』編著（西日本新聞社）

『現代の哲学思想』共著（ミネルヴァ書房）

『アウグスティヌス　時間と記憶』訳書（新地書房）

『古代のキリスト教徒と軍隊』訳書（教文館）　他

〈訳注者〉

安藤智重（あんどう・ともしげ）

昭和四十二年（一九六七）、福島県生まれ。

早稲田大学教育学部国語国文学科卒業。國學院大學神道学専攻科修了。安積国造神社宮司。安積幼稚園理事長。村山吉廣氏に漢学を学ぶ。

著作『安積艮斎　艮斎文略　訳注』（明徳出版社）により、第三十七回福島民報出版文化賞正賞を受く。

【著作】

『艮斎文略』『洋外紀略』『遊豆紀勝　東省続録』

『艮斎詩略』の訳注書（明徳出版社）

『安積艮斎　近代日本の源流』『安積歴史入門』

『東の艮斎　西の拙堂』（歴史春秋社）

『マンガで読む儒学者・安積艮斎』（文芸社）

ISBN978-4-89619-319-0

艮斎間話 全現代語訳 安積艮斎

令和四年十一月　十日 初版印刷
令和四年十一月二十一日 初版発行

倫理学的注釈者 小阪康治
訳注者 安藤智重
発行者 佐久間保行
発行所 ㈱明徳出版社
〒一六七―〇〇五二
東京都杉並区南荻窪一―二五―三
電話 〇三―三三三三―六二四七
振替 〇〇一九〇―七―五八六三四

印刷・製本 ㈱明徳